MARIA LUISA KANN NICHT ANDERS

Von Platterbsen, weißen Trüffeln und einer Messerspitze Wahnsinn

Ein Koch-Bilder-Lese-Buch aus Umbrien

BECKER
JOEST
VOLK
VERLAG

Für meine Mama.

In meinem Kochen gibt es einige grundlegende Werte, die tief in meinem Denken und Handeln verwurzelt sind: die Verwendung frischer Produkte, die Achtung vor der Tradition des Landes und Liebe in allem, was ich tue.
All das habe ich von meiner Mutter gelernt. Sie war eine sehr schöne und lebendige Frau, der die Worte und das Leben der Teresa von Kalkutta sehr viel bedeutet haben. Von ihr habe ich die wunderbare Kunst des Kochens erlernt. Sie hat mir die regionale Küche und ihre vielen kleinen Geheimnisse gezeigt. Von ihr habe ich gelernt, dass Zufriedenheit im Einfachen und in der Bescheidenheit zu finden sind. Meine Mutter hat mir beigebracht, mit dem Herzen zu kochen und zu leben.
Ich hüte all das wie ein wunderbares persönliches Geschenk.

Danke *Maria Lusia*

TEXTE Judith Stoletzky
BILDER Justyna Krzyżanowska
REZEPTE Maria Luisa Scolastra

Maria Luisa Scolastra, Küchenchefin der Villa Roncalli, erklärt ihre filosofia – mit dem größten Vergnügen.

prefazione [prefat'tsio:ne] *f*

DAS VORWORT

Die verschwindende Trennung von Arbeit und Vergnügen ist schon oft besprochen und auch beklagt worden – aber nur von denen, die nicht vollkommen in ihrer Arbeit aufgehen, die nicht erleben, was Verschmelzung, Besessenheit oder, ganz altmodisch, Berufung ist.

Dieses Buch verdankt der mangelnden Trennung von Arbeit und Vergnügen seine Existenz. Wenn auch auf profanerer Ebene: Maria Luisa Scolastras Restaurant in der Villa Roncalli befindet sich in der Nähe einer exzellenten italienischen Buchdruckerei. Diese steht in Foligno bei Perugia, wo schon 1482 die Erstausgabe der Göttlichen Komödie gedruckt wurde. Hin und wieder muss man mit der Druckerei über Farben und Formate, Einbände, Leimsorten, Papierqualitäten, Zwiebelfische, Hurenkinder, Blaustichigkeiten oder mehrfarbige Kapitalbändchen sprechen, und das am besten vor Ort. Die Entfernung nach Deutschland ist aber glücklicherweise zu groß, um sie an einem Tag zweimal zurückzulegen, und so kam es, dass der Verleger das Vergnügen hatte, nach der Arbeit bis in die Nacht hinein in Maria Luisa Scolastras Restaurant zu Abend zu speisen und im Traum Arbeit mit nach Hause zu nehmen: ein neues Buch über eine besessene Köchin, über ihre klassische umbrische Küche und über ihre *filosofia,* die sich in einem Satz zusammenfassen lässt: *„Ich koche, also bin ich."*

Dass es in ihrer Küche allein ums Kochen geht, kann Maria Luisa nicht oft genug betonen. Agnes, die in der Villa die Bilanzbuchhaltung macht, weiß es längst.

*Allora! Luisa freut sich,
dass sie schon wieder
etwas kochen muss.*

Maria Luisa hat zwar einen Mixer, aber der hat`s nicht im Gefühl.

Kochkunstkonferenz am runden Tisch. Alessio war vor sechs Jahren Maria Luisas Praktikant, heute ist er unersetzlich.

sommario [somˈmaːrio] *m*

DER INHALT

la cuoca [ˈkuɔ:ka] *f*

DIE KÖCHIN

Maria Luisa Scolastra repräsentiert die dritte gastronomische Generation der Familie. Schon Großmutter und Mutter haben ein Restaurant geführt. Zuletzt im nicht allzu fernen Spello und die Kochkünste von Maria Luisas Mama Sandra werden noch heute gerühmt. Die Leidenschaft von Maria Luisas Vater Angelo galt schon immer dem Fleisch und seine Expertise ist amtlich. Er ist ein angesehenes Mitglied der *Accademia Italiana della Cuccina*, und den Vorsitz über alles, was in der Villa Roncalli mit Fleisch zu tun hat, hat er auch heute.

1982 wurde die Villa Roncalli gekauft und vier Jahre lang renoviert. Die Familie zog von Spello nach Foligno um, weil sie ihren Gästen nicht nur einen Tisch, sondern auch ein Bett anbieten wollte. Das scheint ein geradezu zwingender Gedanke, denn von einem Ort, an dem kulinarische Genüsse so intensiv wie bei den Scolastras gepflegt werden, entfernt man sich nicht gern. Auch heute wollen viele Gäste nicht nur zum Abendessen bleiben, sie wollen sich tagelang durch Luisas Künste futtern.

Zunächst sah es gar nicht so aus, dass Luisa die gastronomische Tradition fortsetzen würde. Es zog sie in die Ferne. Sie wollte reisen und Sprachen lernen und wer sie kennenlernte und Künstler war, wollte sie malen oder in Marmor meißeln. Ein verständliches Verlangen, denn Luisa ist eine schöne Frau, daran haben die Jahre nichts geändert. Doch dann hat Luisa sich entschieden, lieber keine weltreisende Muse zu werden, und darüber sind wir sehr froh. Mit 17 folgte sie dem Wunsch der Eltern, im Restaurant in Spello mitzuarbeiten. Aber nicht als Doppelspitze an den Töpfen! Das war allein Mamas Revier! Also absolvierte Luisa erst einmal eine Ausbildung zum Sommelier und eine weitere zur Bäckerin und Konditorin. Ihren unvergleichlich charmanten Umgang mit Gästen musste ihr ohnehin niemand beibringen, und so wurde sie später die hoch qualifizierte, charmante Gastgeberin der Villa Roncalli. Sie selbst charakterisiert sich jedoch ganz uncharmant so: kompromisslos, kontrollbesessen, extrem streng und absolutistisch. Klingt ein wenig, als hätte sie das von Mama gelernt ... *„Eine große Küchenbrigade? Um Himmels willen! Viele Leute in der Küche machen mich nervös. Mit anderen Köchen zusammen ein Restaurant führen? Unvorstellbar!"* Sie versteht sich als Autorin eines Gerichts, und wenn es gelingt, dann ist es ein Werk, ein Original, das ihre Signatur trägt. Deshalb macht sie auch alles selbst. Vom Brot über die Pasta, den Essig, die Saucen und die Desserts. Sie baut Gemüse selbst an, hält eigene Hühner und kennt Erzeuger und Lieferanten persönlich. Wie sollte sie sonst die Kontrolle über die Qualität behalten? Sie kocht mit großem Ernst und allen Sinnen und der Aufwand, den sie auf ganz selbstverständliche Weise betreibt, ist riesig. Wenn sie fünf Töpfe für einen Teller braucht, dann ist das eben so. Es gibt auch keinen Unterschied, ob 30 Personen bewirtet werden oder eine. Sie findet, das ist sie dem Material, dem Gast und auch sich selbst schuldig.

Ihre Mutter, zu der sie ein sehr enges Verhältnis hatte, träumte immer von einem eigenen Kochbuch. Sandra Scolastra starb jedoch vollkommen unerwartet im Alter von nur 59 Jahren. In der Küche. Eine halbe Stunde zuvor hat Luisa noch mit ihr gesprochen. Von einer Minute auf die andere war es nun Luisa, die allein in der Küche war.

Inzwischen sind 11 Jahre vergangen. Maria Luisas Freude darüber, dass wir ein Buch über sie machen wollen, ist ohne Worte. Auch wenn sie dafür ein paar Leute in der Küche aushalten muss. Auch wenn Maria Luisa zu Lebzeiten ihrer Mutter in der Küche nicht das Regiment führte. *„Was ich kann"*, sagt sie, *„habe ich von ihr gelernt."* Maria Luisa verwendet unzählige Rezepte ihrer Mutter – natürlich auf ihre eigene Weise. Sie ist glücklich, dass der Wunsch ihrer Mutter doch noch in Erfüllung geht. Und sie weiß auch, dass ihre Mutter weiß, was wir hier treiben, denn sie schaut uns – in der Küche jedenfalls – ganz gern dabei zu.

Maria Luisa sagt, sie spricht ganz gern mit jemand „da oben", deshalb darf die Jungfrau Maria der Köchin immer vom Regal herab bei der Arbeit zuschauen.

So sanft lächelt eine strenge Frau: „Wenn es nicht perfekt ist, ist es nicht gut genug. Basta."

il libro di cucina [ˈli:bro di kuˈtʃi:na] *n*

DAS KOCHBUCH NR. 11.592*

Kochbücher sind auch nicht mehr das, was sie mal waren. Wo sind die nahezu abbildungslosen, trockenen Lehrmittel geblieben, die uns mit dem gebotenen Ernst auf den Ernst des Kochens vorbereiteten? An denen man scheitern und sich zugleich wieder aufrichten musste? Diese Werke, die nur gelegentlich auf einem faden Foto in Schwarzweiß ein nicht besonders appetitanregendes Ziel hoch komplizierter Mühen zeigten? Das waren Kochbücher, die uns sogar vor die anspruchsvolle Aufgabe gestellt haben, uns selbst vorzustellen, wie ein Gericht auszusehen hatte. Unser Können und unsere Gestaltungsfähigkeiten mussten sich noch nicht an denen von Foodstylisten messen.

Heute stiftet ein Kochbuch, mit all seinen bunten Bildern, nicht nur solchen von Kochtöpfen und Tellern, seine Leser zu weitaus Größerem an als zur Zubereitung eines Sonntagsbratens. Kaum hat man das sogenannte Kochbuch aufgeschlagen, möchte man es auch schon wieder zuschlagen! Man möchte so schnell wie möglich eigenhändig ein Rind schlachten. Man möchte seinen Job hinschmeißen, Land und Familie verlassen. Ach was, eine gründen und zwar eine große! Man möchte eine *nonna* adoptieren, mit Trüffelhunden im Morgengrauen neblige Novemberwälder durchpflügen, seine Hände in die duftende ausländische Scholle graben, Olivenbäume umarmen und Trauben in Wein verwandeln. Man möchte arglosen Hühnern keck die Eier unterm Popo herstehlen und jeden Tag im Schatten von Zitronenbäumen fröhliche Gelage mit einer ganzen gut gelaunten Bande aus Nachbarn, Familie, Wahlverwandten und fremden Leuten feiern. Man möchte an reich gedeckten rustikalen Tafeln mit alten, karierten Tischdecken aus Familienbesitz über köstlichen, einfachen Speisen die Weingläser schwenken. Manchmal stiftet ein Buch voller Rezepte die Menschen sogar zum Kochen an. Bevor Sie also Ihr Leben grundsätzlich umkrempeln, üben Sie bitte vorher wenigstens Maria Luisas *frittata*.

Da es in diesem Kapitel um Stilvorlagen geht, möchten wir auch ein paar Worte über die Entstehung der Abbildungen der Gerichte in diesem Buch fallen lassen, denn normal war das nicht. Aber es macht Mut! Es sollte technisch unaufwendig

* Am 10. Februar 2012 gibt es auf dem deutschsprachigen Markt 11.591 aktiv verkaufte Kochbücher (Quelle: GfK media control).

sein und echte Handarbeit, denn das passt zu Luisa, zur Villa Roncalli, zu ihrer Küche. Deshalb musste es mit dem Fotografieren der Gerichte immer schnell gehen. Maria Luisa und ihre rechte Hand Alessio haben gekocht und haben es, zack, aus den Pfannen und Töpfen heraus sofort auf einem Teller angerichtet – so, wie es im Restaurant serviert wird. Und dann sind wir losgerannt. Der mit der ruhigsten Hand nahm den Teller in dieselbe, und dann sind wir immer dem Stand der Sonne hinterher. Mit flatternden Tischdecken für eventuelle Dekorationszwecke, mit unserer einzigen Lampe, einer sehr langen Verlängerungsschnur (so wenig Steckdosen!) und einem alten Tischchen flugs an den hellsten Platz in der eher dunklen Villa geeilt. Manchmal zogen wir auch mitsamt dem Tisch ums Haus, dahin, wo halt gerade die Sonne schien, womit wir uns einmal den bebenden Zorn von Luisas Vater zuzogen, denn über Alter, Empfindlichkeit und Wert des Tischchens gab es unterschiedliche Ansichten.

Kein Foodstylist hatte seine Finger im Spiel. Was Sie auf den Bildern sehen, ist ehrlich und echt. Weder Glyzerin noch Haarspray haben verhindert, dass die Speisen vor unseren Augen zusammenfielen oder verdorrten, sondern allein unsere Gier. Denn wir wollten unsere Fotomodelle schließlich noch vernaschen, und das nach Möglichkeit warm.

Weil wir jedoch nicht allein das Sinnliche lieben, sondern auch das Sinnvolle, haben wir geprüft, wie viele Kochbücher über die italienische Küche es gibt. Es sind einige. Zweifelsfrei handelt es sich bei jedem dieser Bücher um ein wichtiges Werk, denn es handelt von der „wahren" italienischen Küche. Dieses selbstverständlich auch, weswegen wir auch niemals den geringsten Zweifel an der Notwendigkeit für Buch Nummer 11.592 hatten. Es liegt eben in der Natur der Sache, dass das Streben nach dem Wahren, Schönen und Guten ein Projekt ist, das nicht wirklich ein Ende finden kann – was wir sehr begrüßen. Schön ist auch, dass Italien an Provinzen reich ist und sich die Wahrheit der italienischen Küche dadurch multipliziert. Zählt man außerdem all die „Mammas", „Nonnas", „Capocuocos" und „Capocuocas" hinzu, die sich kochenderweise der Verkündung der Wahrheit verschrieben haben, können wir vielleicht sogar froh sein, dass es also doch relativ wenig Bücher über die echte italienische Küche gibt. Zum Thema Echtheit der Küche würden wir übrigens gern einmal einem Gespräch zwischen einem Milanesen, einer Umbrierin und einem Calabresen beiwohnen, gern in schusssicheren Westen.

Aber zurück zu Buch Nummer 11.592 und seiner Notwendigkeit: Sie werden in diesem Buch garantiert kein Rezept für *bolognese* finden, schließlich liegt Bologna nicht in Umbrien. Es gibt auch keines für *tiramisu*. Dafür aber viele in Vergessenheit geratene Zutaten, streng umbrische Gerichte, die ihnen sehr „arm“ erscheinen werden, und andere, die von geradezu barocker Üppigkeit sind. Es wird mit dem klaren Bekenntnis gekocht, altmodisch zu sein. Effekte, jedenfalls solche, die knallen, zischen oder qualmen, überlässt Maria Luisa gelassen den Molekularphysikern. Manche der umbrischen Zutaten, wie Platterbsen und *roveja*-Erbsen, sind auf deutschen Märkten, geschweige denn in unseren Supermärkten, nicht leicht zu finden, möglich ist es schon. Für den bizarren, urzeitlichen *gobbi* müssen Sie jedoch tatsächlich nach Umbrien reisen oder Sie machen sich ersatzweise auf die Suche nach der alten Gemüsesorte Kardone.

Dieses Buch will auch gewiss nicht das Bedürfnis bedienen, in 15 Minuten ein Sechs-Gang-Menü für acht Personen auf den Tisch zu bringen, bei dessen Zubereitung man gleichzeitig die Hausaufgaben der Kinder beaufsichtigen, Karriere und Yoga machen, E-Mails checken und bei Facebook die Zwischenschritte posten kann. Es ist ein Kochbuch für Menschen, die gern in der Küche sind. Die dem Schälen von Karotten, dem Enthülsen frischer Erbsen, dem Rüsten von Salat oder dem Ausnehmen eines Fisches mit Freude entgegensehen, weil sie, wie Maria Luisa Scolastra, ursprüngliche, lebendige Nahrungsmittel lieben. Machen Sie immer hübsch eins nach dem anderen und mit der nötigen Sorgfalt. Das ist auch schon das anspruchsvollste Rezept in diesem Buch.

la sacra scrittura [sa:kra skrit'tu:ra] *f*

DIE HEILIGE SCHRIFT

Das Buch, das Sie in den Händen halten, ist nicht das erste Buch über die Küche der Villa Roncalli. Doch ein zweites musste dringend her, weil die Erstausgabe bald auseinanderfallen könnte und weltweit existiert bloß ein einziges Exemplar. Jahrzehnte des Gebrauchs und des Blätterns mit *olio extra vergine*, *gnocchi*-Teig oder *crema di cacao* an den Fingern haben an dem handgeschriebenen Werk Spuren hinterlassen. Noch dazu stammt es aus einer Ära, in der säurefreies Papier noch nicht der Normalfall war, und der Zahn der Zeit wird das Material auch ohne das Zutun weiterer Stoffe, seien sie auch noch so köstlich, allmählich pulverisieren. Bei diesem unersetzlichen Unikat handelte es sich ursprünglich um ein keineswegs schäbiges Werbegeschenk, einen dicken Jahreskalender mit einer Seite für jeden Tag, überreicht durch den französischen Autohersteller Citroën. Was auf den ersten Blick wie die Noppen von Straußenleder wirkt, entpuppt sich als dezent in den abwaschbaren Kunststoff geprägter Rapport des Logos des Unternehmens. Als wollte man es den Franzosen mal zeigen, notierte Sandra Scolastra ausgerechnet in diesem Buch ihre Rezepte – mit dem Plan, eines schönen Tages ein gedrucktes Buch daraus zu machen. Vielleicht war es aber einfach nur hausfraulicher Pragmatismus und verantwortungsvoller Umgang mit Ressourcen. Seit 32 Jahren liegt das Buch tagein tagaus in der Küche. Maria Luisa hat es oft in den Händen, auch sie hat ihre Rezepte dort hineingeschrieben. Doch wir haben das Gefühl, als brauche sie die Angaben darin wirklich nicht mehr, um kochen zu können. Dieses Heiligtum aufzuschlagen, ist eine zärtliche Geste, eine kleine Andacht für die Mama. Wie in jedem guten Kochbuch, das wirklich viel benutzt wird, wimmelt es zwischen den brüchigen Seiten von Zettelchen und Schnipseln, es liegen fettfleckige alte Briefe darin, in denen sich ein Gast für ein unvergessliches Essen bedankt, ein auf einer Serviette notiertes Rezept, ein Ausriss aus einer alten Zeitung, Fotos, Ansichtskarten, ein getrocknetes Blümchen, Entwürfe für Menüs, Visitenkarten, Namen ohne Telefonnummern und Telefonnummern ohne Namen. Das sollen ja die wirklich wertvollen sein.

Maria Luisas Lieblingsgerichte stehen – in gewisser Weise – in einem französischen Kochbuch: einem Kalender von Citroën aus dem Jahr 1979, in dem schon ihre Mutter ihre Rezepte aufschrieb.

Das Notizbuch zur Hand zu nehmen ist eine kleine, allabendliche Andacht an die Mama.

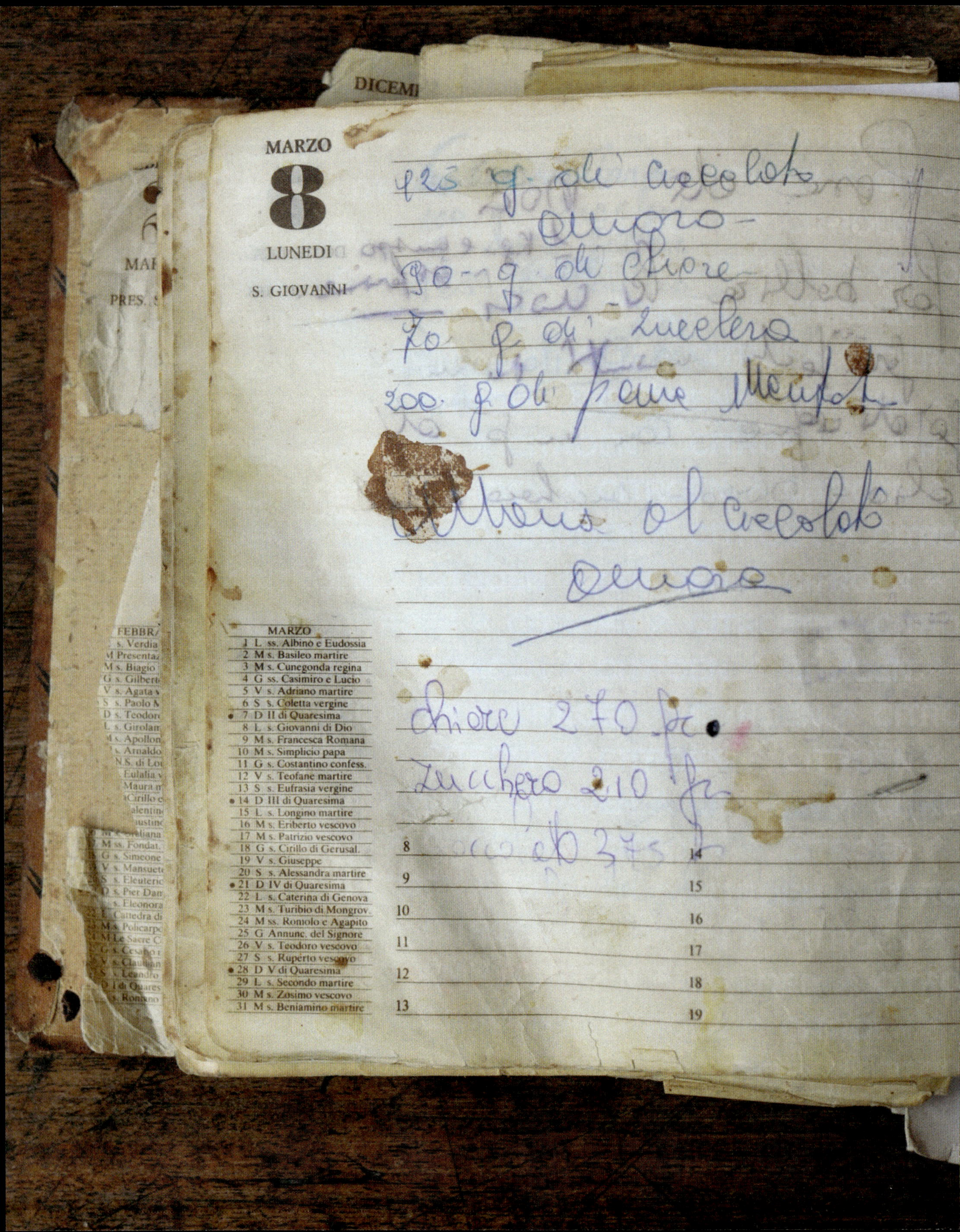
DICEMB
MARZO
8
LUNEDI
S. GIOVANNI
125 g. di cioccolato
amaro -
90 g di burro
70 g. di zucchero
200 g di panna montata
Mousse al cioccolato
amaro
MARZO
1 L ss. Albino e Eudossia
2 M s. Basileo martire
3 M s. Cunegonda regina
4 G ss. Casimiro e Lucio
5 V s. Adriano martire
6 S s. Coletta vergine
7 D II di Quaresima
8 L s. Giovanni di Dio
9 M s. Francesca Romana
10 M s. Simplicio papa
11 G s. Costantino confess.
12 V s. Teofane martire
13 S s. Eufrasia vergine
14 D III di Quaresima
15 L s. Longino martire
16 M s. Eriberto vescovo
17 M s. Patrizio vescovo
18 G s. Cirillo di Gerusal.
19 V s. Giuseppe
20 S s. Alessandra martire
21 D IV di Quaresima
22 L s. Caterina di Genova
23 M s. Turibio di Mongrov.
24 M ss. Romolo e Agapito
25 G Annunc. del Signore
26 V s. Teodoro vescovo
27 S s. Ruperto vescovo
28 D V di Quaresima
29 L s. Secondo martire
30 M s. Zosimo vescovo
31 M s. Beniamino martire
burro 270 fr
zucchero 210 fr
cioccolato 375
8
9
10
11
12
13
14
15
16
17
18
19

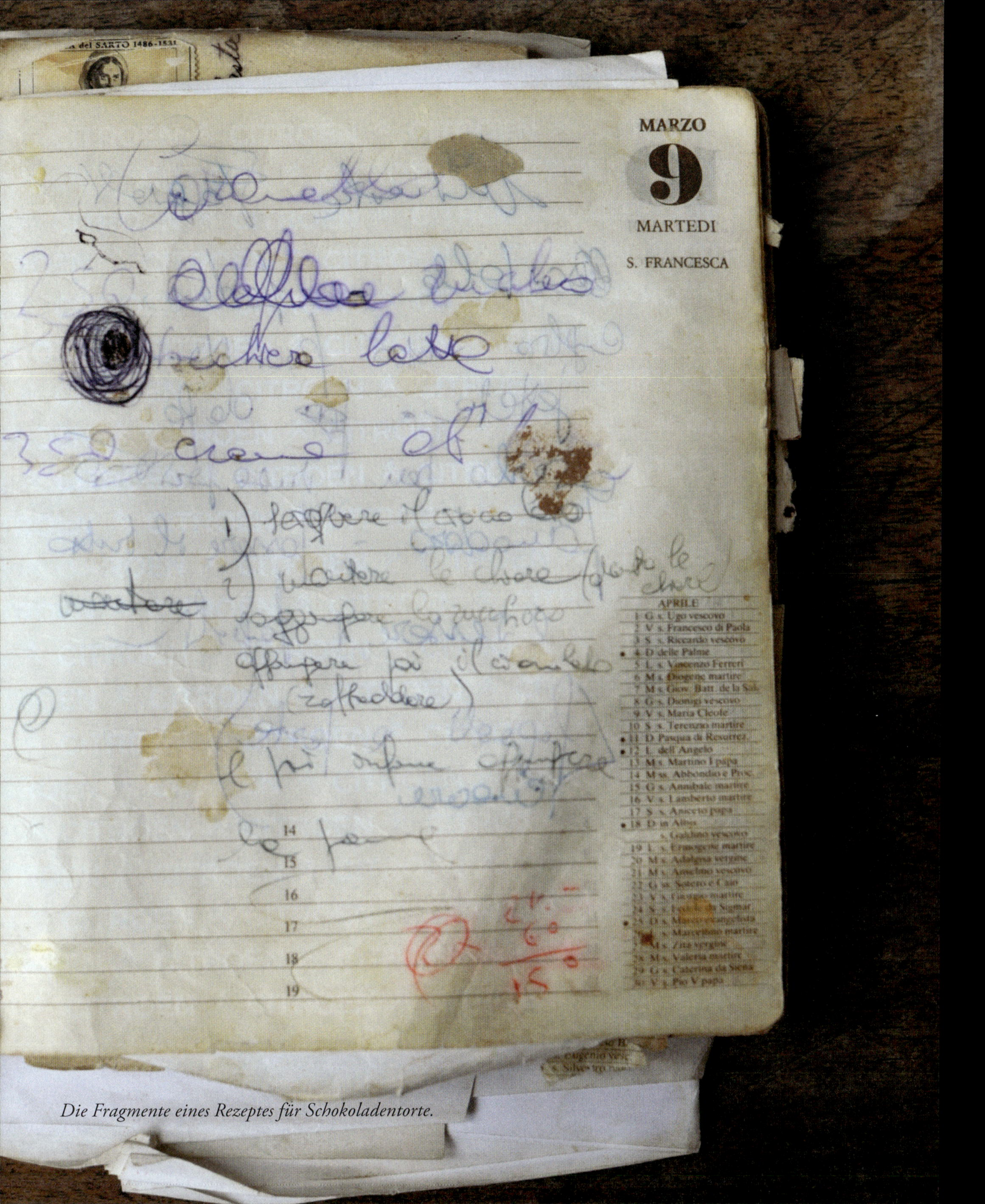

Die Fragmente eines Rezeptes für Schokoladentorte.

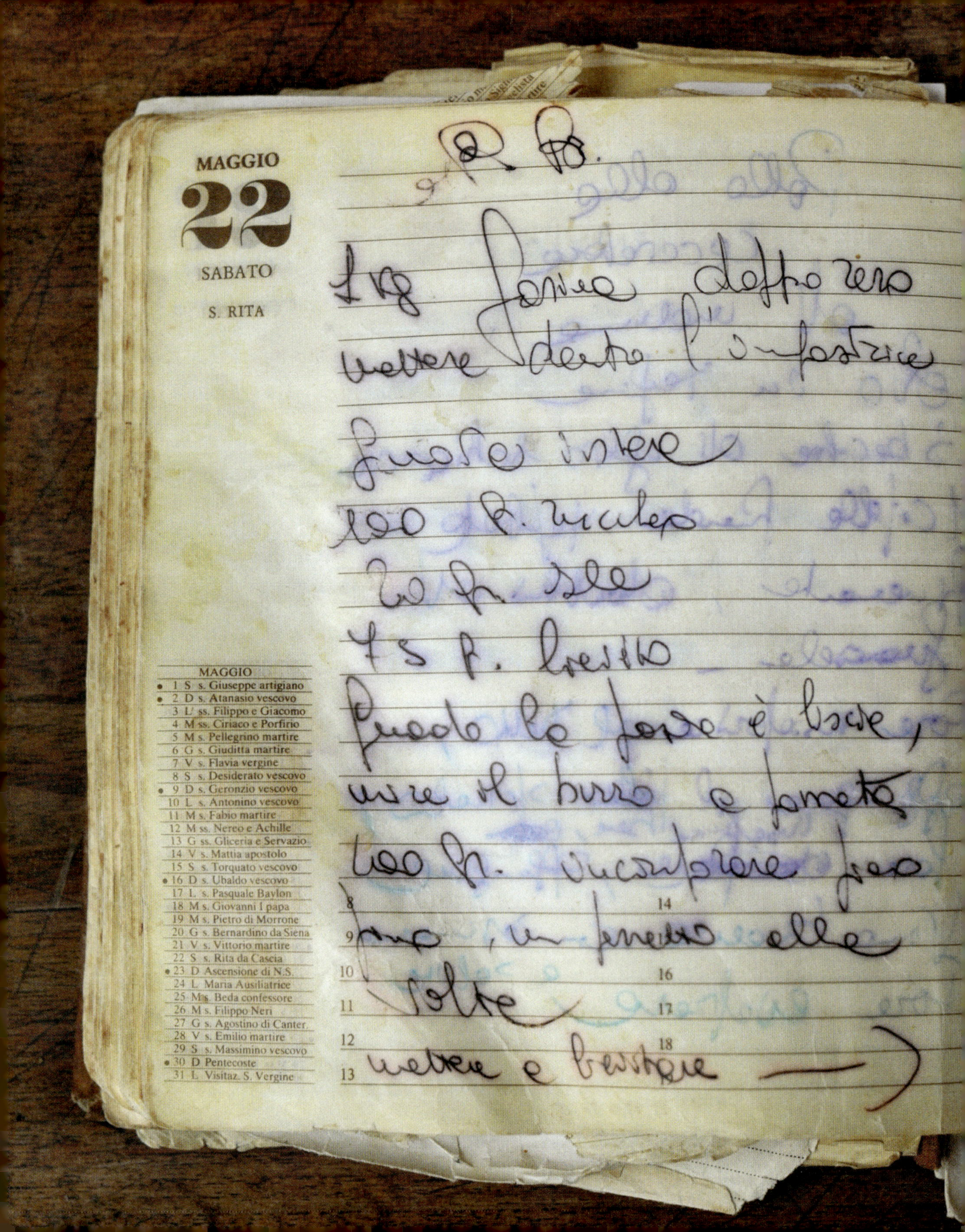
MAGGIO
22
SABATO
S. RITA
MAGGIO
1 S s. Giuseppe artigiano
2 D s. Atanasio vescovo
3 L ss. Filippo e Giacomo
4 M ss. Ciriaco e Porfirio
5 M s. Pellegrino martire
6 G s. Giuditta martire
7 V s. Flavia vergine
8 S s. Desiderato vescovo
9 D s. Geronzio vescovo
10 L s. Antonino vescovo
11 M s. Fabio martire
12 M ss. Nereo e Achille
13 G ss. Gliceria e Servazio
14 V s. Mattia apostolo
15 S s. Torquato vescovo
16 D s. Ubaldo vescovo
17 L s. Pasquale Baylon
18 M s. Giovanni I papa
19 M s. Pietro di Morrone
20 G s. Bernardino da Siena
21 V s. Vittorio martire
22 S s. Rita da Cascia
23 D Ascensione di N.S.
24 L Maria Ausiliatrice
25 M s. Beda confessore
26 M s. Filippo Neri
27 G s. Agostino di Canter.
28 V s. Emilio martire
29 S s. Massimino vescovo
30 D Pentecoste
31 L Visitaz. S. Vergine

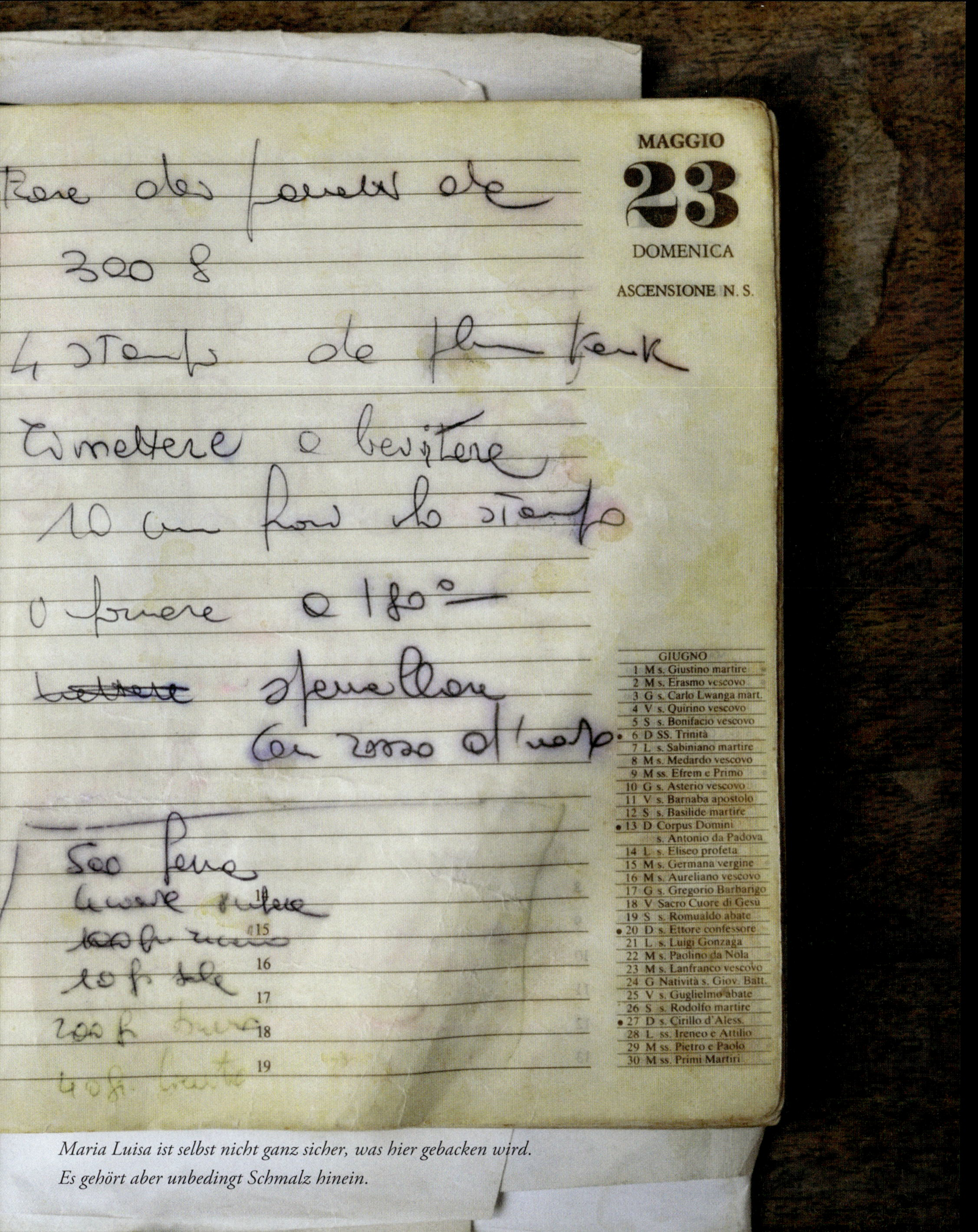

Maria Luisa ist selbst nicht ganz sicher, was hier gebacken wird. Es gehört aber unbedingt Schmalz hinein.

Die Frau in der Mitte ist die, von der Luisa das mit dem Kochen hat: ihre Mama Sandra.

l'ossessione [osses'sio:ne] *f*

DER WAHNSINN

„Ich koche für mein Leben gern." Das ist ein leicht dahingesagter Satz, vor allem unter jenen, die es nur gelegentlich tun. Maria Luisas Leben IST Kochen. Mit dem entspanntesten Lächeln, das man sich vorstellen kann, sagt sie: *„Ich schlafe ein mit dem Gedanken an Kochen. Ich wache mit dem Gedanken an Kochen auf."* Wir glauben das sofort und vermuten, wovon sie nachts träumt.

Es ist eine faszinierende Mischung aus Besessenheit und Ruhe, die von Luisa ausgeht. Es kann durchaus sein, dass sie sich erst dann, wenn das Restaurant am Abend schon zur Hälfte gefüllt ist, dafür entscheidet, was sie kochen wird. Kann aber auch sein, dass die Menüplanung für zwei einzelne Gäste sie wochenlang beschäftigt. Im dem konkreten Fall, den wir erlebt haben, handelt es sich um ein amerikanisches Paar, das auf der Rückreise ein zweites Mal kommen will, weil es ihnen beim ersten so gut geschmeckt hat. Luisa weiß noch genau, was sie gegessen haben. Sie weiß aber noch nicht, was sie ihnen diesmal servieren wird. Sie sucht nach komplementären Gerichten, Geschmäckern und Düften, die neu für sie sein werden, versucht zu spüren, was ihre Vorlieben sein könnten, und überlegt, was gerade so wächst. Sie überlegt sogar, was die beiden auf ihrer Reise in den vergangenen Wochen wohl gegessen haben könnten. Das zweite Mal muss also eine Menge leisten. Es ist ein Zeichen von Luisas Respekt vor ihren Gästen, sich diese Gedanken zu machen. Und es ist für sie ganz normal.

Das zweite Mal in der Villa Roncalli soll für die beiden sowohl Verwöhnung und Genuss sein als auch Unterweisung. Dieses missionarische Element fehlt bei Maria Luisa eigentlich nie – zumindest nicht gegenüber den Novizen unter den Gästen. Die Wurzel für dieses Sendungsbewusstsein ist pure Begeisterung für die traditionelle umbrische Küche und Luisa will sie auf ihre Gäste übertragen. Ganz außer sich gerät sie über Gäste, die nicht zu schätzen wissen, was sie in der Villa Roncalli serviert bekommen. *„Wer nicht merkt, wo er hier ist, muss ein Problem mit sich haben. Er ist entweder krank, traurig oder wütend."*

Leidenschaftliche Menschen sind Perfektionisten. Luisa findet, wer kocht, muss Experte für alles sein. Sie kann nicht verstehen, dass es Chefs gibt, die ganz wichtigen Dingen kein Interesse entgegenbringen oder ungeachtet delegieren: die Blumen auf dem Tisch. Die Weine. Der Service. So passioniert, umfassend und kennerhaft, wie sie ihre Kochkunst betreibt, stellt sie sich auch den idealen Gast vor. Der ideale Gast weiß Bescheid. Im Idealfall ist er mit ihrer Küche vertraut. Deshalb sind die Vorspeisen bei Maria Luisa immer ein Geschenk, eine Einführung ins Thema, quasi. Natürlich kann man bei ihr auch selbstbestimmt à la carte essen, richtig glücklich ist Maria Luisa aber dann, wenn man die Kontrolle abgibt und sich vertrauensvoll ihrem Degustationsmenü hingibt.

Sie weiß es sehr zu schätzen, wenn der Gast die traditionelle Küche Umbriens kennt, und weiß, was in dieser Region wann gegessen wird. Wenn er weiß, dass Rindfleisch nicht gleich Rindfleisch ist, Schweinefleisch nicht gleich Schweinefleisch. Wenn er verschiedene Rassen kennt und die Altersstufen unterscheiden kann. Der ideale Gast käme nicht auf den dummen Gedanken, im Mai Trüffel zu wollen und im Oktober Spargel und einen *risotto* ganz schnell. Der gute Gast hat Geduld. Er teilt ihren Respekt vor allem, was wächst, und den Menschen, die sich darum kümmern. Und je mehr jemand vom Essen versteht – auch vom Kochen – desto lieber kocht sie für ihn. Denn, so glaubt sie, so wie ein Musiker mehr hört, schmeckt auch eine gebildete Zunge mehr. Auch deshalb ist ihr großer Traum, eines Tages eine eigene Kochschule zu führen. Ein sehr, sehr strenge natürlich.

„Mag sein, dass die Leute sagen, dass ich spinne“, sagt Maria Luisa. *„Wenn sie mich fragen, warum tust du das? Warum stehst du jeden Tag 16 Stunden in der Küche, dann ist meine Antwort: Es ist keine Arbeit für mich. Ich habe keine Wahl. Ich kann nicht anders.“*

Zur Beurteilung der Qualität ihrer eigenen Küche bedient sich Maria Luisa empfindlicher Instrumente: Nase, Hände, Augen, Zunge.

Alle Hände voll zu tun zu haben macht Maria Luisa mehr als nur glücklich.

Unter Verwendung von Eiern der eigenen Hühner, hausgemachtem Schmalz und vollem Körpereinsatz entsteht hier ein salziger Mürbeteig.

Nichts überlässt Maria Luisa dem Zufall, weshalb sie auch das Brotbacken selbst in die Hand nimmt. Mit selbst angesetzter Mutterhefe, versteht sich.

Bei Maria Luisa gehört Parmigiano Reggiano nur selten auf ein Gericht, aber um so häufiger schon bei der Zubereitung hinein.

Erst wenn das Karo des Tuches, auf dem schon Luisas Großmutter den Pastateig ausgebreitet hat, hindurchscheint, ist er dünn genug. Und dann kann man ihn auch hübsch ordentlich, den Linien entlang, schneiden. Sie sehen die Kalbfleisch-cappelletti im Maßstab 1:3.

il tempo [ˈtɛmpo] *m*

DIE ZEIT

Mal angenommen, es schmeckt Ihnen nicht, können Sie dann immer sagen, woran es liegt? Wir möchten wetten, dass es am Ende nicht daran liegt, dass Salz oder Pfeffer fehlen, es fehlt Zeit.

Zeit, die der Koch oder man selbst sich nicht genommen hat, um die richtigen Zutaten einzukaufen. Zeit, die eine Tomate nicht hatte, um zu reifen. Zeit, die die Erde nicht hatte, um sich zu erholen. Zeit, die man nicht darauf verwendet hat, in Ruhe zu überlegen, was zu was passt und in welcher Reihenfolge und mit welchen Gästen an der Tafel. Wenn es schmecken soll, muss man den richtigen Zeitpunkt erwischen. Im Großen und im Kleinen. Für die Ernte, um etwas aus der Pfanne zu nehmen, ins Wasser zu tun, es zu wenden und auf den Tisch zu bringen.

Zeit spielt auch deshalb eine so große Rolle, weil es Jahreszeiten gibt. Bei Luisa regeln sie den Menüplan. Ihre Küche ist absolut saisonal. Ihr kommt nichts in die Küche, was nicht gerade im Garten oder auf den Feldern Umbriens wächst oder auf dem lokalen Markt zu haben ist. Konservierte, vorfabrizierte Produkte sind tabu. *„Die Zutaten müssen"*, wie Luisa sagt, *„leben."* Wer keinen Geschmack daran findet, sich beim Essen Zeit zu lassen und den Dingen, die ihm serviert werden, Zeit zu geben, zubereitet zu werden, der ist als Gast hier nicht zu gebrauchen. Wer sich aber diesen Luxus gönnt, merkt sehr schnell, dass Zeit beim Kochen noch wichtiger ist als Salz. Bummeln Sie also gemütlich durch das Buch, verweilen Sie, solange Sie Lust haben, bei Maria Luisas Rezepten, und wenn Sie sie in aller Ruhe nachkochen, werden Sie aus jedem noch so einfachen Gericht die Sonne und den Regen, die Wärme und den Wind der vielen Tage und Nächte herausschmecken, die es brauchte, bis die kleinen Linsen reif waren, bis die Kräuter vor Aroma fast platzen, und die vergehen musste, bis wir den Tieren, die zu essen wir uns ihres köstlichen Fleisches wegen nicht wehren, eine letzte Ehre auf unseren Tellern erweisen.

Hier ruht ein Teig unter einer Schlafmütze in Erwartung seiner großen Transformation.

il tempo [ˈtɛmpo] *m*

Auch wenn eine wesentliche Zutat in Maria Luisas Küche Zeit ist, bedeutet das jedoch nicht, dass alle Gerichte eine Ewigkeit zur Herstellung benötigen. Sie sollten Luisas Blick sehen, wenn sie hört, dass es Menschen gibt, die in Kochbüchern die Lehre verbreiten, ein Tomaten-*sugo* solle stundenlang auf dem Herd bleiben. Am besten einen ganzen Tag lang leise vor sich hinköcheln. Ein halbes Stündchen – *basta cosi!* Es soll doch schließlich nach Tomaten schmecken und nicht nach Ketchup. Und wenn es aus irgendwelchen Gründen, zum Beispiel Hunger, einmal richtig schnell gehen muss, oder weil gerade Winter ist, dürfen Sie natürlich auch zu Zubereitungsbeschleunigern wie trockener *pasta* und getrockneten Kräutern greifen.

Toasten Sie sich eine Scheibe Brot, beträufeln es mit jungem Olivenöl und legen eine schöne Scheibe Schweinebacke drauf. Wie wäre es mit Linsensuppe? Oder Sie zaubern sich eine kleine Luxus-*frittata* (aus in angemessener Zeit entstandenen Eiern!). Für Luisas *frittata* mit Steinpilzen müssten Sie zwar gegebenenfalls auf den August warten, aber dafür ist sie ein Gedicht.

Wir Amateurköche können ja schon mal nervös zu schwitzen beginnen, wenn wir den ehrgeizigen Plan hegen, sieben Gäste zu bewirten. Noch dazu welche, denen nicht egal ist, was sie essen. Andere sollte man ohnehin nicht zu sich einladen. Vielleicht bereiten wir uns seelisch eine Woche auf das Ereignis vor, beginnen zwei Tage vorher mit dem Einkaufen und nehmen uns einen halben Tag frei, wenn es drei Gänge werden sollen. Wenn Luisa weiß, dass ihr Restaurant am Abend um 20 Uhr bis auf den letzten Tisch ausgebucht sein wird, weiß sie trotzdem um sieben nicht immer, was es dann gibt. Sie formt in Seelenruhe ihre fünf Brote, schiebt sie in den Ofen und ist selbst ganz gespannt, was ihr einfällt.

Die Ruhe vor dem Ansturm.

Aus dem Fenster zu Luisas Studierzimmerchen hört man zuweilen ein hübsches Geräusch aus einer anderen Zeit: das Tippen auf einer Schreibmaschine. Dafür, dass Maria Luisa gern 200 Jahre früher geboren worden wäre, klingt ihre elektrische allerdings geradezu revolutionär. Ihre Rezepte kamen dann aber doch per E-Mail.

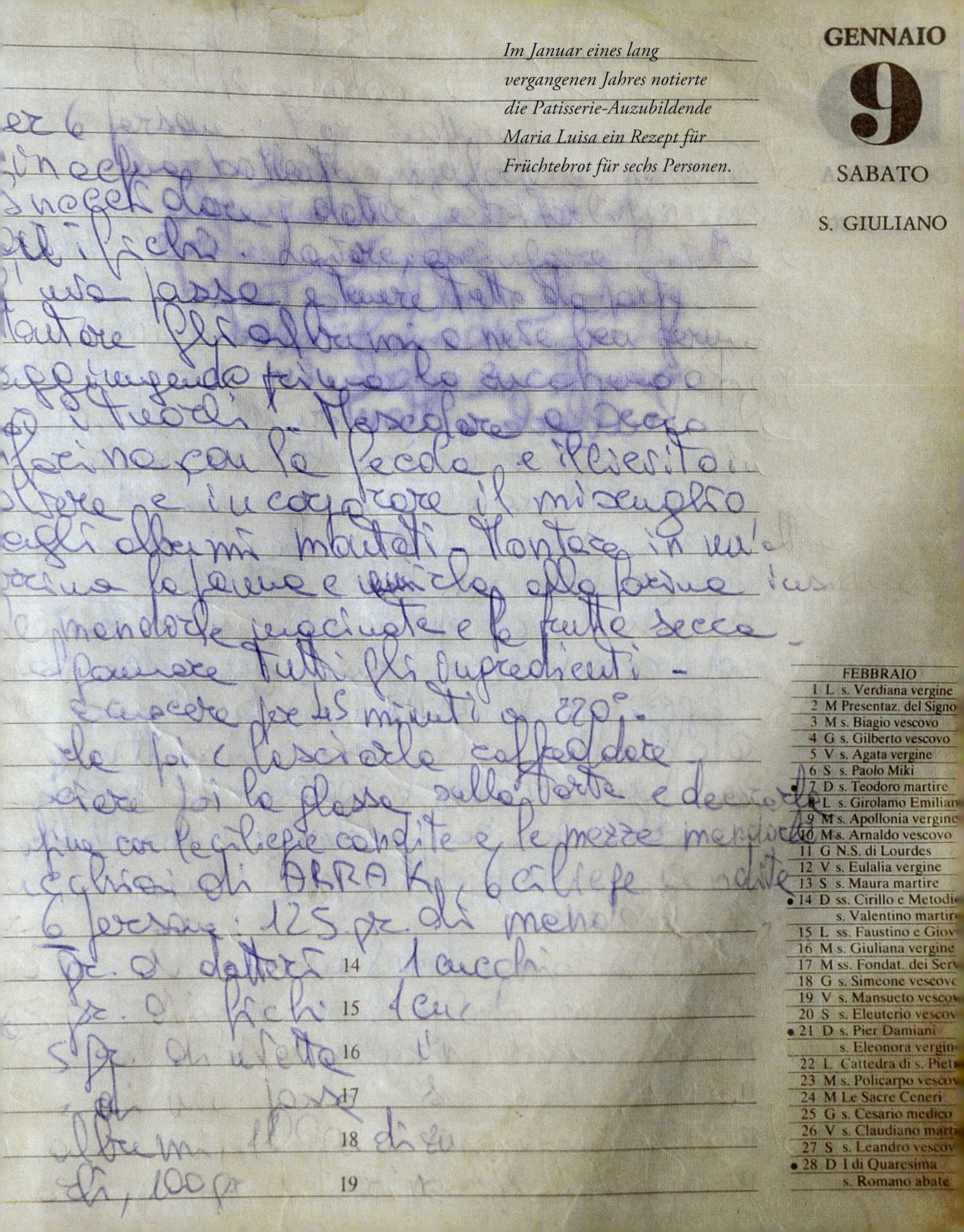

Im Januar eines lang vergangenen Jahres notierte die Patisserie-Auzubildende Maria Luisa ein Rezept für Früchtebrot für sechs Personen.

la campagna [kam'paɲɲa] *f,* terra ['tɛrra] *f*

DAS LAND

Umbrien ist umzingelt. Vollständig von seinen italienischen Nachbarn eingeschlossen. Weder rechts noch links noch oben noch unten hat es einen Meeresstrand und wer ein bisschen was von Geografie versteht, weiß, an ein anderes Land grenzt Umbrien auch nicht. Es liegt quasi in der Mitte in der Mitte, auf der Höhe der Wade in dem hochhackigen Stiefel. Umbrien ist also der Nabel der italienischen Welt und zum Glück hat sich das noch nicht herumgesprochen. Die Landschaft ist wunderschön, das Licht sanft und pudrig – um es mit den Worten eines der berühmtesten Söhne Umbriens, Franz von Assisi, zu sagen: *„Nichts Erfreulicheres habe ich je gesehen."* Wasser – auch zum Schwimmen und Baden – gibt es in Gestalt zahl- und fischreicher Seen. Es gibt endlose Felder, auf denen Getreide, Gemüse und Früchte wachsen, und dichte, weite Wälder, in deren würziger Erde imposante Trüffel schlafen – auch die berühmten weißen. Es gibt sanfte Hügel und echte Berge (2500 m!), die man besteigen kann, ohne einem Menschen zu begegnen. Diese sind nämlich alle in der benachbarten Toskana. Sie stehen in Florenz vor den Uffizien Schlange oder sie bestaunen Siena – was man ja auch gut verstehen kann. Allgemein bekannt ist Umbrien für seine Provinz- und Schokoladenhauptstadt Perugia, die einst von den noch immer sagenumwobenen Etruskern mit viel Sinn fürs Malerische auf einem fast 500 Meter hohen Hügel im Land der umbrischen Ureinwohner, der Umbren, gegründet wurde. Da thront sie heute noch immer ganz gelassen, fast als wäre nichts gewesen. Dabei hat Umbrien ja einiges an geologischen und politischen Erdbeben hinter sich. Nach den Etruskern kamen die Römer, dann kämpften die Goten mit den Byzantinern um das Erbe des Weströmischen Reiches. Doch schon machten sich aus dem heutigen Ungarn die Langobarden auf die Socken, um hier Herzogtümer zu gründen. Kurz darauf rückte Karl der Große an und ernannte sich ganz frech zum König der Franken und der Langobarden – in Umbrien! Päpste und Kaiser zankten sich fortwährend um die Hoheit über die Städte, bis die Päpste gewonnen hatten. Man kann nicht behaupten, dass das Dasein als Kirchenstaat dem Land gut getan hat. Geschichtsbücher sprechen von Stagnation auf ganzer Linie: politisch, kulturell, wirtschaftlich. Dem vor allem haben wir vielleicht sogar die *cucina povera,* die Arme-Leute-Küche, zu verdanken, deshalb wollen wir nicht ganz so nachtragend sein. Napoleon kam dann jedenfalls auch noch. Besser wurde die Lage erst, als sich Mitte des 19. Jahrhunderts organisierter Widerstand gegen die Herrschaft der Kirche formierte und die Bewegung *Risorgimento*, was übersetzt ausgerechnet Wiederauferstehung heißt, in die politischen Einigung Italiens führte. Ja, und was glauben Sie, wer einer dieser Aktivisten war? Der früherer Besitzer der Villa Roncalli, der ehrenhafte Bürger Conte Domenico Benedetti Roncalli. Sagen Sie also nicht, hier würde zu weit ausgeholt!

Nicht nur städtebaulich, auch aus kulinarischer Sicht hat Umbrien den Etruskern viel zu verdanken, denn es ist anzunehmen, dass sie die *Sagrantino*-Traube aus Kleinasien mitgebracht haben. Vorausschauenderweise hatten sie auch ihre höchst innovative Bewässerungsanlagentechnik dabei. An kultivierten leiblichen Genüssen aller Art waren die Etrusker sehr interessiert. Sogar bis in den Tod, denn auf ihren Gräbern zeigt man die Verstorbenen gern liegend und schmausenderweise, manchmal sogar zu zweit und noch dazu unter einer Decke. Aus der autochthonen *Sagrantino*-Traube wird der bemerkenswerte *Sagrantino di Montefalco* gekeltert, und das in einer Qualität, die ihn berechtigt, die Bezeichnung DOCG *(Denominazione d'Origine Controllata)* zu tragen. In der Toskana beobachtet man diese Entwicklung aus Konkurrenzgründen sehr wachsam. Der *Sagrantino di Montefalco* ist ein kraftvoller, eigensinniger und eleganter Wein, für dessen Erwerb man das Weinfachgeschäft aufsuchen und ein wenig Taschengeld mitnehmen muss, denn da er auf nur rund 75 ha Fläche angebaut wird, ist er nicht nur gut, sondern auch rar. Die besten kann man bis zu 25 Jahre zur Seite legen. Wenn man ganz stark ist.

Ein aus konzeptioneller Hinsicht sehr hübsches Detail wollen wir Ihnen auch nicht vorenthalten. In Foligno, dem umbrischen Städtchen, in dem Luisas Villa Roncalli steht, wurde bereits 1472 Weltliteratur gedruckt: Die erste Ausgabe von Dante Alighieris Göttlicher Komödie entstand hier und auch heute noch genießt Druckhandwerk aus Foligno ausgezeichneten Ruf – weswegen der Verleger dieses Buches anderer Bücher wegen des Öfteren nach Foligno reist. In der Regel mit mindestens einer Übernachtung in der Villa Roncalli und einem kleinen Abendessen. Tja. Was dabei herausgekommen ist, sehen Sie ja.

Auf einem Hügel nahe der Villa Roncalli liegt einer von Luisas stillen Lieblingsorten: die Kapuziner-Abtei Sassovivo. Es gibt dort eine Mineralquelle und wenig Menschen. Es gibt uralte Olivenbäume, Pinien und Zypressen und im Kreuzgang noch mehr Seelennahrung: Gregorianische Gesänge, allerdings aus der Dose.

Aus den Kronen ehemaliger Landesfürsten futtern heute Pferde und Rinder ihr Heu.

Die Nachfahren der Etrusker führen stets beruhigende Mengen Olivenöl, Sagrantino-Wein und Linsen aus Castelluccio bei sich.

Oktober. Noch ganz aufgewühlt vom vielen Hervorbringen ruhen sich die Felder in der noch warmen Herbstsonne mal gründlich aus.

il orto ['ɔrto] *m*

DER GARTEN

Wenn man sich der Villa Roncalli von der Rückseite nähert, liegt zur Linken ein großer Garten und es ist Anfang September, als wir ihn zum ersten Mal sehen. Es ist der Ort, in dem fast alles Gemüse und fast jedes Kräutlein heranwachsen, die in Luisas Töpfen, Pfannen und Kasserole landen dürfen. Es ist ungefähr fünf und wie jeden Tag die Stunde der Ernte und des Suchens nach den Zutaten zu dem Menü, das Luisa sich am Nachmittag überlegt hat. Sie hat einen unprätentiösen Plastikkorb von stattlicher Größe unterm Arm und wir finden das sehr optimistisch. Denn als wir den Garten durch das quietschende Törchen betreten, denken wir, hier wächst ja gar nichts – außer Gras, Gestrüpp und Unkraut. Welch ein Irrtum! Eine halbe Stunde später ist der Korb gefüllt mit Gelbem, Orangenem, Rotem und Grünem und unsere Angst, heute Abend könnte es blasse *pasta* ohne alles geben, ist einem kleinen, vorauseilenden Heißhunger gewichen. Darüber hinaus haben wir ein paar nützliche Dinge gelernt. Über das Basilikum und den wilden Fenchel und über Schnecken.

Eins nach dem anderen: Das Basilikum, so die gängige Lehre, brät am liebsten schon außerhalb von Pfannen und Töpfen in der prallen Sonne. Stark und aromatisch werde es davon. Das Gegenteil ist der Fall, so jedenfalls Luisas Theorie. Luisas Garten sieht sogar aus, als habe sie an Basilikum kein Interesse – oder eben ein allzu großes – denn Basilikum ist keines zu sehen. Es kuschelt sich ganz gemütlich, vor Sonne und gierigen Blicken geschützt, unter das hohe Gras, zwischen das Luisa es absichtsvoll gepflanzt hat, damit es aromatischer wird. Ob wir vorsichtshalber eine dritte Meinung zu den Vorlieben von Basilikum einholen sollten? Sollten Sie jemals in den Garten nach einem Zweiglein Basilikum geschickt werden, wissen Sie jedenfalls, wo Sie es finden. Wahrscheinlich werden Sie es sogar riechen, so intensiv duftet es, und deshalb glauben wir Luisa.

Der wilde Fenchel in Luisas Garten macht seinem Namen alle Ehre, denn er wächst nicht nur, er wuchert. Doch auch da ist die Unordnung nur eine scheinbare, denn überall dort, wo wilder Fenchel ist, sind garantiert keine Schnecken. Was gut ist, denn Schnecken fressen eigentlich alles und das immerzu. Besonders gern naschen sie Basilikum oder die zarten Zucchiniblüten, die Luisa aus den Tiefen des Grases ans Licht befördert. Doch nicht nur als Appetitverderber für Schnecken steht der wilde Fenchel in stattlichen Büscheln in Luisas Garten. Kaum ein Stück Fleisch oder Fisch, in das sie nicht mindestens einen Fenchelbaum bohrt. So sehr Schnecken den Fenchel verachten, so verrückt sind Schweinchen und Kälbchen, Hühner, Kaninchen und auch Fische nach ihm.

Wie gesagt, es ist September in Maria Luisas Küchengarten. Es geht auf den Herbst zu, aber dennoch ist alles da, was sie braucht: Tomaten, Paprika, Zucchini, Gurken, Salbei, Rosmarin, Salate, Fenchel, Spinat, Minze, Melisse, hier wachsen Kartoffeln und im Sommer Erdbeeren und Himbeeren. Im Frühling wird zwischen den Gräsern wilder Spargel wachsen und wir freuen uns schon sehr darüber, dass ein einziger Besuch keinesfalls ausreichen wird, um dieses Buch zu füllen. Für das, was nicht im eigenen Garten wächst, hat Luisa andere vertrauenswürdige Quellen: Im Garten von Ivana, der Nachbarin aus Kindertagen, die jetzt in der Villa mit Charme, Seelenruhe und Schalk im Nacken das Frühstück zubereitet, wachsen Äpfel und Birnen, Aprikosen, Pflaumen und Kirschen. Es gibt die kleinen Stände der alten Damen auf dem Markt von Foligno, die ebenfalls einen eigenen Garten haben. Es gibt dort das allerbeste aller Obst- und Gemüsegeschäfte der Welt. Es gibt den schönen Signore Annibale Bartolomei, Sohn des Cesar, der in der Ebene unter dem schönen Dorf Trevi Herr über 15.000 Hektar Gemüse ist, davon viele Sorten, die das Gütesiegel IGP *(Indicazione Geographica Protetta)* tragen. Und in Folignos altem Ortsteil Eraclio gibt es Signore Davide, dessen Freundin 2010 Miss Italia war, und die sicher auch deshalb so schön geraten ist, weil er sie so gut ernährt. In den Bergen bei Castelluccio wachsen legendäre Linsen, aus deren Saat die Familie Scolastra bei Foligno ein eigenes Linsenfeld bestellt, und zum ersten Mal in unserem Leben, in dem wir Linsen bisher nur als getrocknete Hülsenfrüchte in Supermarktregalen kennengelernt haben, fragen wir uns, wie wohl die Kindheit einer Linse aussehen mag.

Gekocht wird, was halt gerade da ist. In einem Küchengarten, der so groß wie ein Fußballfeld ist, hat Maria Luisa damit keine Not, sondern die schöne Qual der Wahl.

Was in der eigenen Frischgemüseabteilung gerade nicht zu finden ist, wächst in dem Garten von Ivana. Und der liegt gleich neben Maria Luisas eigenem Linsenfeld.

Der Garten Eden existiert und Ivana und Giuseppe würden sich von nichts und niemandem aus ihm vertreiben lassen. Auch der Erkenntnis wegen, dass die eigenen Äpfel die besten sind.

Nicht nur Eichen werden mit den Jahren stärker, größer und schöner, auch Freundschaften. Die Eiche in Ivanas Garten wird bald 300.

200
1,00

Auf Folignos kleinem täglichen Markt gibt es das beste Grünzeug jenseits von Luisas Garten. Es kommt aus Gärten, die kleiner sind als ihrer und Menschen gehören, die sie schon lange kennt.

Maria Luisas Freundin Anna Laura (vorn), mehrfache lustige Witwe, Teilzeit-Rezeptionistin in der Villa und Gestalterin der Küchenkacheln, hat die Führung beim Power-Shopping in Downtown Foligno. Dolmetscherin und Autorin erweisen sich als belastbar.

GGI SELEZIO
CIONE PRODOTTI ORTOFRUTT

Die Miss Italia des Jahres 2010 ist die Freundin eines Foligneser Gemüsemanns. Möge sein Hinweis im Fenster allen Freundinnen von Metzgern zu denken geben.

Glaubt man Annibale Bartolomei, haben sein Wintersellerie, der berühmte sedano nero di Trevi, der zur Aroma-Maximierung schwarz umwickelt heranwächst, und seine rapa aphrodisierende Wirkung. Das jedoch behaupten die Männer in Umbrien von allem, was auf den Tisch kommt.

la villa ['villa] *f*

DIE VILLA

Das Haus, in dem Luisa, ihr Vater und ihr Bruder leben, wurde im Jahr 1690 erbaut. Die Familie hat es 1982 erworben, drei Jahre lang umgebaut, Deckengemälde restauriert, Bäder und Gästezimmer eingerichtet. Angelo Scolastra hat die Gasträume mit feinen Antiquitäten gefüllt und eines der beeindruckendsten Stücke ist ein dunkler, deckenhoher Apothekenschrank und auch jetzt stehen darin gute Tröpfchen. Mit dem Kauf der Villa erfüllte sich der Traum, einen Ort zu haben, an dem alles unter einem Dach ist, denn zwischen Leben und Arbeit machen die Scolastras, weil sie das, was sie machen, so gern tun, keinen Unterschied. Die Villa ist von Zypressen umgeben und sie ist stattlich. Prächtig, aber nicht protzig. Sie dreht uns, eher in sich selbst ruhend als besonders gespannt, wer zu Besuch kommt, den Rücken zu. Einmal angekommen und um die Hausecke gebogen, vergisst man augenblicklich, sich an einer großen Straße zu befinden. An dem sienagelben Würfel mit roten Kanten und flachem Dach blättert hier und da die Farbe, aber man hat Besseres zu tun, als die Wände zu pinseln. Neben der Kulinarik gibt es für Gäste weitere lebensversüßende Einrichtungen: eine Terrasse zum draußen Essen, einen großen Pool mit kleiner Bar. In einem Nebengebäude lebt Luisas Bruder Marco in wilder Ehe mit einem Steinway-Fügel. Als Pianist und Direktor des Konservatoriums von Foligno ist er ein Mann mit ausgedehnter Gastgeberfunktion. Wenn in der Villa also zu fortgeschrittener Stunde gesungen wird, dann richtig gut!

In zwei kühlen, dunklen Nebengebäuden werden Getränke gelagert und hier befindet sich das Königreich des Vaters. Hier werden die Würste und der Speck gemacht, das Schmalz zubereitet und im Winter fließt hier tagelang eiskaltes Quellwasser über salzigen Stockfisch. Im Erdgeschoss der Villa wird in einem winzigen Studierzimmer unter den liebevollen Blicken Pater Pios über Menüs gedacht, hier wird in der großen Küche gekocht und in zwei Sälen gegessen. Am schönsten ist es natürlich in der Küche, die nichts von der unterseebootartigen Enge hat, die oft in Restaurantküchen herrscht, sondern große Fenster, durch die die Morgensonne scheint. Ergonomen hätten sicher zahlreiche Verbesserungsvorschläge, aber die Fliesen an den Wänden hat eine alte Freundin von Luisas Mama entworfen, und auch das ist gut für das Wohlbefinden. Der Keller ist nicht einfach nur ein Keller, sondern ein Weinkeller, und eine solidere Basis für ein Gasthaus gibt es nicht.

In den zwei oberen Etagen befinden sich ein großer Saal, in dem man tanzen oder sonst wie ausschweifen könnte, und – gottlob – Gästezimmer, in denen in der Regel zwei Sorten Gäste schlafen: 1. Menschen, die eigens zum Essen anreisen, 2. Menschen, die in allerlei Geschäften nach Foligno kommen. Die Hinweisschilder zum Gewerbegebiet lassen ahnen, dass dies für die meisten die Hauptattraktion von Foligno darstellt. Foligno ist in keiner Landkarte mit Sternen dekoriert worden. Die kleine Stadt unbeachtet zu lassen, ist allerdings ein Fehler, denn Foligno ist sehr hübsch und freundlich und Freunden ganz normaler alter Orte, die nicht alles tun, von dem sie glauben, dass es Touristen gefällt, dringend zu empfehlen. Auf dem Platz vor dem Dom brüllt kein einziges Souvenirgeschäft den Spaziergänger an und wer dem wundervollen Palazzo Trinci keinen Besuch abstattet, der soll sein Leben lang mit wässrigem *espresso* dafür büßen.

Der Erbauer der Villa Roncalli war der bereits erwähnte Conte Roncalli (1844–1910). Der angesehene Bürger Folignos war neben seiner Revolutionärs- und Freimaurertätigkeit auch Direktor der Kunstgewerbeschule. Gerade wurde die Marmorplakette auf der *piazza* zu Ehren seines 100. Todestages poliert. Die Villa Roncalli diente ihm als Sommerfrische und Jagdschloss. Am Ende seines reichhaltigen Lebens soll er die Villa beim Glücksspiel verloren haben. Wenn es in dem alten Haus spuken sollte, dann werden es jedenfalls lustige und verfressene Geister sein, denn der Mann scheint sich aufs Feiern verstanden zu haben. Wir fragen uns ohnehin jedes Mal, wenn wir inmitten der antiken Möbel unter den prächtigen Deckengemälden über dem Weinkeller tafeln, warum es eigentlich heißt, wenn es einem richtig gut geht, fühle man sich wie Gott in Frankreich?

Schon seit 1680 dreht die Villa Roncalli den Ankommenden den Rücken zu. Sie meint es aber wirklich nicht bös.

Der Pool hält Winterschlaf und an der Poolbar wärmt sich die Espressomaschine unter trockenem Laub auf.

Sie suchen das Restaurant?
Durch die Glastür rechts,
zwischen den zwei Säulen.

Neu ist in der Villa Roncalli nur das Licht. Jeden Tag, zu jeder Stunde und in jeder Jahreszeit malt es neue Stimmungen auf Wände und Fliesen, antike Möbel und dunkle Ölbilder.

Am hellsten ist es in der Villa nachts, wenn die antiken Lüster lustvoll um die Wette leuchten.

Im Sommer schätzt man die Dämmrigkeit der Villa sehr, denn die Hitze versucht vergeblich, sich durch die geschlossenen Läden zu zwängen, und auf dem Sofa in der ersten Etage schlummert es sich aufs Angenehmste einem kleinen Hüngerchen entgegen.

Ein selten ruhiger Anblick: Maria Luisa sitzt! Sie erklärt ihre filosofia di cucina, denn das ist molto, molto importante per il libro! Marie Theres übersetzt, Judith schreibt mit und Fotografin Justyna erwischt uns dabei.

Schaut uns der Hase etwa ein wenig vorwurfsvoll an? So ein dickes Buch und kein einziges Rezept für Hase?

Der antike Eichentisch im kleinen Speisesaal ist über fünf Meter lang und auch die Abende, die an ihm verbracht werden, sind nicht eben kurz.

il santo ['santo] *m*

DER HAUSHEILIGE

Ein schweigsamer, großväterlicher Herr ist aus der Villa Roncalli nicht wegzudenken. Er blickt mit ernsten, prüfenden Augen aus seinem weißbärtigen Gesicht. Den Kopf hält er bescheiden ein wenig geneigt. Niemals ist er anders anzutreffen als in seiner gemütlichen braunen Kapuzenkutte. Zu seinen Lebzeiten soll er neben der Seelenschau, der Hellsichtigkeit und dem Heilen auch die Fähigkeit zur Bilokation (an zwei Orten zur selben Zeit zu sein) besessen haben und das zumindest können wir bestätigen, denn wir haben es erlebt: In der Küche ist er gleich neben der Jungfrau Maria zu sehen. Gleichzeitig aber auch in Luisas Arbeitszimmer unter der Treppe. Dort scheint er sich eher zu Hause zu fühlen, denn die Winzigkeit des Zimmers erinnert an eine Mönchszelle und das sinnenfreudige, weit über das zum Stillen von redlichem Hunger hinausgehende Treiben in der Küche muss ihn ja mit Skepsis erfüllen. Sein gerahmtes Bild in Maria Luisas Zelle ist so groß, dass es auf der kleinen Wand wirkt wie ein Superposter.

Der Kapuzinermönch und katholische Priester Pio ist in Italien – Katholiken mögen den Ausdruck verzeihen – ein Superstar unter den Heiligen. Als der Priester am 16. Juni 2002 heilig gesprochen wurde, zog seine Ernennung mehr Pilger nach Rom, als der Petersplatz fassen konnte. Die Heiligsprechung geschah nur 34 Jahre nach seinem Tod. Das ist unfassbar schnell, wenn man bedenkt, dass manch ein geistlicher Mann oder eine geistliche Frau erst Jahrhunderte später diesen Karriereschritt tun. Maria Luisa sagt, Padre Pio sei der Patron der Familien, und uns fällt auf, dass sein Porträt wirklich in jedem Haus und in jedem Geschäft hängt, das wir betreten, nicht selten ist das Bild mit frischen Blumen dekoriert. Und das trotz der strengen Verehrung des Regionalen.

Padre Pio ist in Umbrien der Hausheilige, obwohl er nie hier gelebt hat. Er wurden als Francesco Forgione 1887 in Kampanien, im Südwesten Italiens, geboren und blieb nach seinem Eintritt in das Kapuzinerkloster als blutjunger, aber tuberkulosekranker Kerl bis zu seinem Tod im Jahr 1968 im Südosten, am Sporn des Stiefels, in San Giovanni Rotondo, in Apulien. Schon als junger Priester zeigten sich bei ihm Stigmata, blutende Wundmale an den Händen, über deren Echtheit sich noch heute Gelehrte und Unwissende, Gläubige und Ungläubige streiten. Seelsorge war sein Metier und als Kapuziner galten seine Gebete und seine Taten traditionell der Unterstützung der Ärmsten.

Im Fundraising vollbrachte er tatsächlich wahre Wunder, und das, bevor der Begriff dafür erfunden war. So konnte er im Jahr 1956 in San Giovanni ein riesiges, modernes Krankenhaus bauen lassen. In seinen letzten Lebensjahren ließ Padre Pio sich von seinem Armutsgelübde entbinden und hinterließ dem ehemaligen Bettelorden einen hübschen Haufen Geld und den zur Erhellung der Umstände seiner Herkunft hinzugezogenen Finanzverwaltern einen hübschen Haufen Arbeit.

Von all den Dingen über das Leben, die gesagt zu haben ihm nachgesagt wird, scheint uns eines auf Maria Luisas Leben besonders zuzutreffen – auch wenn Padre Pio sich mehr auf Askese und Verzicht verstand als auf sinnliche Genüsse: *„Wenn wir etwas tun, lass es uns so tun, als ob es unsere letzte Tat wäre."* Für Padre Pio war es beten. Für Maria Luisa ist es vielleicht beten, dass sie immer kochen darf.

Trinità d'Amore guidaci a varcar
on coraggio la soglia del nuovo Mille

Das Bild von Padre Pio hängt in der Küche gleich neben dem Telefon. Möglicherweise, damit nur freundliche, gut gelaunte Menschen mit feinen Zungen nach einer Tischreservierung fragen.

i fantasmi [ˈfanˈtazmi] *pl*

DIE GEISTER

Es ginge nicht mit rechten Dingen zu, wenn es in einem so alten Haus wie der Villa Roncalli nicht ein wenig spukte. Auf freundliche Weise natürlich. Im kleinen Speisesaal kann man Zeuge der Selbstgespräche einer stillen Bewohnerin werden, die schon seit über hundert Jahren – durch alle Jahreszeiten hindurch mit nacktem Oberkörper und für jedermann gut sichtbar – über etwas zu brüten scheint. Wir haben sie dabei belauscht:

„Wie bin ich froh, hier und nicht im großen Saal zu hängen! Wohlmöglich sogar in der Küche! Dass im Winter hier das Frühstück serviert wird, stört ja keinen großen Geist. Selbst Italiener sprechen gleich nach dem Aufstehen nicht viel. Aber die Abende in diesem Haus! Sie nehmen kein Ende. Was gibt es bloß immer so viel zu besprechen? Ich habe Hochzeiten gesehen, Bankette, Premierenfeiern, Geburtstage und Jubiläen, Taufen, Sitzungen, Rendezvous. Unzählige Gänge wurden vor meinen Augen verspeist, zahllose Flaschen geleert. Und es wurde so viel hin und her gelaufen und her und hin in den vergangenen 26 Jahren. Speisen hereingetragen und leere Teller heraus. Ich selbst mache mir nichts aus Essen. Aber ich finde es interessant, dass über etwas so Profanes wie die Nahrungsaufnahme sogar Bücher geschrieben werden. Maria Luisa selbst scheint nicht gerade viel zu sich zu nehmen. Nie sitzt sie an einer vollen Tafel. Nie isst sie eine Mahlzeit. Höchstens mal ein Stück Brot zu einem *caffè*. Aber Tag für Tag setzt sie sich zu mir und schreibt an dem runden Tisch unter dem meinen in großen, schwungvollen Buchstaben die Speisekarte auf einen großen Bogen Papier. Wenn sie über den Menüs grübelt, sehen wir uns vielleicht sogar ein wenig ähnlich. Spät nachts, nachdem alle Gäste gegangen sind, kommt sie auch hierher, lässt sich in den Sessel fallen und schaut mich an. Vielleicht schaut sie auch nur durch mich hindurch, so erschöpft sieht sie aus. Ich lächle freundlich und sage ihr, ruh Dich aus, Luisa, morgen ist ein neuer Tag. Doch sie hört mich nicht, dann schläft sie bereits. In ihren Träumen kocht sie sicher was Schönes. Und dann ist es ganz still. Nur in einer Zypresse ruft seit hundert Jahren ein Käuzchen. Und ich habe endlich, endlich Ruhe zum Nachdenken."

Maria Magdalena kann sich an den Deckengemälden im kleinen Speisesaal einfach nicht sattsehen. Und über den Aufwand, den Maria Luisa treibt, rauft sie sich hin und wieder das Haar.

la cicerchia [ˈtʃitʃerˈkiːa] *f*

DIE PLATTERBSE

Nicht nur für Menschen ist der Aufstieg aus einfachen Verhältnissen in bessere Kreise schwierig. Auch für manch ein Lebensmittel. Aufgrund ihres sozialgeschichtlichen Hintergrundes als Armenspeise rümpft der gemeine Gourmet seine hoch getragene Nase also ganz allgemein über Hülsenfrüchte, und das nicht erst zum Zeitpunkt der viel beschriebenen Folgen, die ihr Verzehr schon mal haben kann.

Der gemeine Gourmet hat aber auch noch nicht die Bekanntschaft mit Luisas *zuppa di legumi* gemacht und außerhalb Umbriens ist es ganz besonders unwahrscheinlich geworden, die Platterbse (Lathyrus sativus) kennenzulernen. Von dieser erstaunlichen Verwandten unserer Gartenwicke soll hier im Speziellen die Rede sein und an sie wollen wir mal ganz entschieden eine Ode singen. Eine, dass dem gemeinen Gourmet die Ohren rasseln! Die Platterbse ist ein Schatz, ernährungsphysiologisch sowieso, denn sie hat mit all ihren Hülsenfruchtschwestern, den herrlichen Linsen, den fabelhaften Bohnen und den netten Gartenerbsen, den hohen Gehalt an leicht verdaulichem Eiweiß gemein. Dabei ist sie unfassbar bescheiden und wächst sogar auf Böden, für die sich selbst eine Distel zu fein wäre, und sie blüht noch dazu sehr hübsch und sehr blau dabei. Sie ist eine der ältesten Kulturpflanzen überhaupt und wegen ihrer Anspruchslosigkeit in Dürrezeiten oft das einzige Nahrungsmittel gewesen. Es wundert nicht, dass sie auch auf kargen äthiopischen, indischen und südspanischen Speisezetteln stand. Auch die Rheinländer, die Bayern und die Sachsen haben die Platterbse kultiviert. Sie haben Brot aus ihrem Mehl gebacken, Suppen daraus gekocht und in alten Naturheilbüchern empfiehlt sich die Platterbse gegen Schwindsucht, was auch ihre Eignung als Mastfutter erklärt. Trotz ihrer Anspruchslosigkeit und großen Verbreitung ist sie jedoch inzwischen fast ausgestorben. In Umbrien ist sie jedenfalls gerettet. Es ist auch der Liebe Maria Luisas zur uralten Platterbse zu verdanken, dass sie in dieser Region eine Renaissance in traditionellen, alten Gerichten erlebt. Das Früchtchen sieht aus wie eine Mischung aus Linse und plattgehauener Kichererbse. Zu einer klar definierten Körperform konnte sie sich nicht durchringen. Mal ist sie rund wie der Mond, mal gleichen ihre Umrisse eher einem allerersten, unbeholfenen Hülsenfrucht-Entwurf der Schöpfung. Sie schmeckt wie eine Mischung aus Linse und Kichererbse, doch das wäre eine unzureichende, geradezu platte Beschreibung. Die Platterbse schmeckt leiser und vornehmer. Trockener. Sie schmeckt nach großer Hitze, nach Windstille, verdorrtem Gras und nach Wüste. Mineralisch. Staubig. Wie ein guter Riesling. Aber das merken eben nur feine Zungen.

Maria Luisa macht aus der historischen Hülsenfrucht gern eine Art Püree, ihre berühmte *passatine*. Auf diese Weise bereitet die sanfte Platterbse zuweilen einem etwas steifen, trockenen, aber interessanten Herrn ein Ehebettchen. Er ist ein Seelenverwandter, der ihre Erfahrung großer Trockenheit teilt: der Stockfisch. In diesem Zusammenhang scheint es umso passender, dass der Platterbse, wie erstaunlich vielen Gewächsen in Umbrien, aphrodisierende Kräfte nachgesagt werden, und findige Hobbykulturwissenschaftler wollen darin einen Zusammenhang mit dem alten Brauch sehen, duftende Gartenwicken in Brautsträuße zu flechten. Im Deutschen heißt die Platterbse auch Kicherling. Auch da ließen sich sicher weitere Zusammenhänge herstellen.

Hierzulande bekommt man Platterbsen eher nicht, sie sind in keinem Supermarkt gelistet, aber ein gewisser bundesweit operierender Feinkosthändler, der auch einen Onlinehandel betreibt, hat sie. Italienische Feinkostgeschäfte, die wissen, was sie tun, haben sie auch. Besser noch: nach Umbrien reisen und nach *cicerchie* fragen. Wussten Sie übrigens, dass man den Ertrag von Hülsenfrüchten nach dem Gewicht von 1.000 Körnern berechnet? Wenn Sie mal jemand fragt, was 1.000 Kicherlinge wiegen, müssen Sie in Zukunft nicht mehr hilflos mit den Achseln zucken, sondern können geradeheraus antworten – zwischen 135 und 560 Gramm.

Die Platterbse oder auch der Kicherling ist sich für den kargsten Boden nicht zu fein und eignet sich prächtig für feine Süppchen. In einem deutschen Supermarkt werden Sie wohl vergeblich nach ihr fahnden. Doch im italienischen Feinkostgeschäft finden Sie cicerchia.

il tartufo [tar'tu:fo] *m*

DIE TRÜFFEL

Es ist nichts gegen die Demokratisierung von Luxus einzuwenden. Linsen für die Reichen! Trüffel für die Armen! Warum denn nicht? Die unterirdisch wachsenden kostbaren Knollenpilze sind begehrt und zwar von jedermann. Ergo wird das Angebot immer größer, während gleichzeitig die Preise sinken. Nanu? Haben wir da die einfachsten Regeln der Marktwirtschaft nicht verstanden? Oder verstehen die Menschen nichts von Trüffeln? Und verstehen böse Menschen diesen Umstand geschickt auszunutzen? Es wird inzwischen mit Trüffeln geradezu um sich geschmissen. Trüffel im Juli. Trüffel im Mai. Trüffel im März und mitten im August. Weiße, braune, schwarze, hellschwarze, graue, beigefarbene. Immerzu und überall.

Am dollsten duftet es allerdings nach Trüffel dort, wo gar keine ist, nämlich in der nahezu körperlosen Form von Trüffelöl, das in seiner penetranten Intensität garantiert dafür sorgt, jeden anderen Duft oder Geschmack mit widerlicher kunstknoblauchiger Wucht zu dominieren. Mit dem Trüffelöl ist es wie mit Erdbeerjoghurt. In dem sind in der Regel keine Erdbeeren und im Trüffelöl sind keine Trüffel. Wenn etwas „Aroma" heißt, ist das im Zusammenhang mit Lebensmitteln immer künstlich hergestellt. Zugegeben, manchmal auch kunstvoll künstlich, mit entfernter natürlicher Herkunft, und das ist ein gutes Geschäft.

Gute Trüffel haben nach wie vor ihren Preis. Das Beherrschen von ein wenig Küchenlatein beugt faden Enttäuschungen vor, ebenso die beharrliche Frage nach der Herkunft der Knolle, denn es gibt unzählige Arten von Trüffeln – bittere, giftige oder einfach geschmacklose. Aus Kroatien kommt akzeptable Ware, auch weiße Trüffel. Die verbreitete, günstige Kalaharitrüffel ist kulinarisch nicht der Rede wert. Mit ihr kann man auf Speisekarten und in Feinkost-Auslagen Kunden bluffen, die auf das bloße Wort „Trüffel" reagieren. Es gibt viele Arten dunkler Leberwursttrüffel, die durch Kochen sogar erst genießbar werden. Sie sind für nichts gut, außer dafür, dass man ohne zu lügen Trüffelleberwurst drauf schreiben kann. Wer nur diese Trüffelsorten kennt, fragt sich allerdings zu Recht, was die Aufregung um Trüffel bloß soll.

Richtig unfein werden die Geschäftsmethoden allerdings, wenn Tonnen billiger, aromaarmer Trüffel aus Nordindien, China und Nepal (Tuber indicum) importiert und raffinierte Fälschungsmethoden und irreführende Namen auf den trüffelhaltigen Produkten, die in der Regel daraus hergestellt werden, den Eindruck erwecken, man habe es mit der schwarzen oder der weißen umbrischen Spitzentrüffel zu tun (Tuber melanosporum und Tuber magnatum Pico). Dazu werden die minderwertigen Pilze, die den guten in Form und Farbe sehr ähneln, mit Trüffelöl aromatisiert und zwischen die echten gemischt. Das lohnt sich besonders bei der exklusiven weißen Trüffel. Große Unternehmen tun es und unehrenhafte kleine Händler tun es auch, und manchmal tun es auch ehrenhafte, weil sie selbst betrogen worden sind und es nicht wissen. Aber Luisa hat ja Signore Giuseppe Germani und der hat seine beiden Hunde Nero und Stella und die haben einen guten Riecher. Giuseppe Germani hat übrigens auch einen eigenen Olivenhain, weil er befürchtet, es könnte mal nicht genug exzellentes Olivenöl im Haus sein, wenn Stella und Nero einen guten Tag hatten.

Zu Beginn der Trüffelsaison Anfang November Anno 2011, als wir in Foligno sind, um Maria Luisas Herbstküche zu erleben, hat es viel zu wenig geregnet, weshalb es Luisas Freund Giuseppe und seinen zwei Trüffelhunden bislang nicht geglückt war, auch nur einen einzigen zu finden, und das ist schrecklich! Maria Luisas Herbstküche ist ohne weiße Trüffel nicht zu denken und so hoffen wir jeden Tag auf einen Sucherfolg am nächsten. Die Zeit nutzen wir, um herauszufinden, wie es kommt, dass Hunde überhaupt nach Trüffeln schnüffeln und lernen, dass man nicht als Trüffelhund auf die Welt kommt. Jemand muss es dem Tier geduldig beibringen. Das funktioniert am besten spielerisch mit Lob und Belohnung. Wenn Sie einen Hund haben, probieren Sie es doch gleich mal aus: Im ersten Schritt lassen Sie den Hund an einer Trüffel schnuppern, dann werfen Sie sie, wie sonst das Bällchen, weg und lassen den Hund apportieren. Das geht prima auch im Wohnzimmer. In der nächsten Lektion verstecken Sie die Trüffel unter dem Sofakissen und ermuntern den Auszubildenden, nach ihr zu suchen. In Stufe drei gehen Sie mit dem Tier ins

Freie, wo Sie die Trüffel zuvor, etwa im Laub oder in der Garage, versteckt haben. In Stufe vier proben Sie den Ernstfall in einem Wald oder auf einer waldnahen Wiese, wo Sie Trüffel vermuten, aber selbst nicht wissen, wo sie sich verstecken. Beginnt Ihr Hund jetzt zu graben – die Trüffel stecken bis zu 20 Zentimeter tief in der Erde – sind Sie ein guter Lehrer und dürfen sich mit einer feinen Trüffel-*pasta* belohnen.

Es hilft sehr, dass Hunde es ihren Herrchen gern recht machen und Lob lieben. Das unterscheidet sie von Schweinen. Trüffelschweine machen es lieber sich selbst recht, Lob ist ihnen wurst. Das führt dazu, dass sie die gefundenen Trüffel sogleich verzehren, was wiederum dazu führt, dass die Arbeitslosigkeit unter Trüffelschweinen weltweit stark angestiegen ist. In Italien wurden Trüffel aus Sicherheitsgründen schon immer mit Hunden gesucht.

Am frühen Abend des vierten Tages banger Hoffnung sagt Maria Luisa in konspirativem Flüsterton: *„In der Nacht werden Trüffel gebracht."* Sie hat eine andere befreundete Quelle angezapft, denn einfach irgendwo Trüffel zu kaufen, ist tabu. Um 22:22 Uhr, die Nacht ist kalt und neblig, wir sitzen gerade beim dritten, vierten oder siebten Gang, betreten ein Mann und eine Frau das Restaurant. Ernst und schweigend. Sie führen eine Styroporbox der ungefähren Größe 40 x 30 x 20 bei sich. Alle Blicke sind auf die Box gerichtet. Wir fragen uns, ob die Ausgänge gesichert und die beiden bewaffnet sind. Sie gehen mit der Box in die Küche und wenige Augenblicke später hat das ganze Restaurant die Witterung aufgenommen. Der Deckel muss von der Box genommen worden sein. Es ist verblüffend, wie ein paar Knollen, die man aufgrund ihrer hellbraunen Farbe für Kartoffeln halten könnte, wenn man es nicht besser wüsste, imstande sind, die ganze Villa zu parfümieren. An die Beschreibung des Aromas von weißer Trüffel haben sich schon viele gewagt, und auch wir werden scheitern. Trotzdem ein Versuch: Champignon hoch zehn, Cognac, Sahne, grüne Haselnüsse, Kakao, Lorbeer, feuchte Erde. Trüffel dünsten auch Androstenon aus, das Sexualhormon des wilden Ebers, doch das wissen wir nur, wir riechen es nicht, verstehen aber jetzt, warum Trüffelschweine immer weiblich sind.

Der Inhalt der Styroporbox von Signora Vania Ulivieri stellt ein Vermögen von rund 4.500 Euro dar. Wir dürfen den Schatz unter Aufsicht fotografieren und freuen uns über den Kontrast zwischen dem Wert unserer Fotomodelle und dem betagten, groben, blau-karierten Baumwolltuch, in dem die weiße Trüffel traditionell gesammelt und auf den Märkten angeboten wird. Eine selige Maria Luisa tauscht ein kleineres Exemplar für die auf morgen projektierten Trüffelrezepte gegen ein größeres Menü für die beiden Trüffel-Kuriere.

In der Küche, findet Maria Luisa, braucht die Trüffel niemanden neben sich. Damit ihre ganze Pracht zur Geltung kommt, widmet sie ihr Rezepte von ergreifender Schlichtheit.

Als wir das nächste Mal in Foligno sind, ist es Januar und die Saison für Tuber melanosporum, die schwarze Wintertrüffel, neigt sich dem Ende zu. Es ist noch dunkel draußen, doch helle Aufregung herrscht in der Villa. Trüffel-Engpass! Schon wieder! Die im Morgengrauen erwartete persönliche Lieferung ist abermals ausgeblieben. Der Boden! Er ist gefroren! Giuseppes Trüffel-Bellos riechen nichts, denn nichts ist der Entfaltung des Aromas des edlen Pilzes so abträglich wie Kälte. Dann können selbst die feinen, feuchten Nasen von Nero und Stella nichts wittern und graben können sie auch nicht. So einfach und auch so schwierig kann es also sein, wenn man es mit der Herkunft der Zutaten genau nimmt und nur Lieferanten akzeptiert, die man persönlich kennt.

Doch eines freundlicheren Vormittags ist es soweit und auf Luisas Edelstahl-Arbeitsplatte liegen fünf kompakte Knollen in unterschiedlicher Größe in der fahlen aufgehenden Wintersonne. Sie dünsten jetzt schon, noch ganz, ganz schwach allerdings, einen verheißungsvollen erdigen Duft aus. Lehmige Erde sitzt auch noch in den Ritzen zwischen den sechskantigen Warzen des Pilzes und wir sind ein bisschen erstaunt, dass Luisa diesen Luxusartikeln so beherzt mit einer Bürste zu Leibe rückt. Nicht nur die berühmte schwarze umbrische Trüffel sucht ihresgleichen, auch die Art, in der Luisa sie verwendet. Nach dem Motto „*Wenn schon, denn schon!*" wird nicht mit gravitätischem Ernst ein halbes Gramm auf ein Gericht gehobelt, es verhält sich eher so, dass man das Gericht unter dem Berg Trüffel suchen muss.

Im Gegensatz zur weißen Trüffel trifft bei der schwarzen die Beschreibung der Farbe zu. Die umbrische schwarze Trüffel ist nicht nur außen, sondern auch innen schwarz. Sie ist von feinen, hellen Adern durchzogen und hat die körnige Konsistenz von reifem Parmesan. Stellt man das fest, so hat man zumindest nach dem Aufschneiden die Gewissheit, keinem Trüffelbetrüger aufgesessen zu sein. Die schwarze Trüffel sollte immer erhitzt werden, um ihr beglückendes Aroma voll zu entfalten.

Maria Luisa deutet ihrem Freund Giuseppe die ungefähre Größe der weißen Trüffel an, die er mit seinen Trüffelhunden für sie finden soll.

Gleich werden die schmuddeligen Knollen kräftig abgeschrubbt und mit einer Großzügigkeit in die Gerichte gehobelt, als handele es sich um Kartoffeln.

il pane ['pa:ne] *m*

DAS BROT

Spätestens seit Freud wissen wir: Mütter sind an allem schuld. Das lässt den Umkehrschluss zu, dass Mütter auch für das Gelingen von Dingen größte Verantwortung tragen. Das endgültig zu klären würde den Rahmen eines Buches über gutes Essen sprengen, doch für die Qualität von Brot trifft diese Aussage zu 100 Prozent zu. In Luisas Küche ist es die Mutterhefe, die allabendlich bis zu fünf wohlgeratene Kinder zur Welt bringt, die den Gast mit Appetit anregendem Wohlgeruch empfangen. Sie fragen sich vielleicht, warum Maria Luisa nicht einfach beim Bäcker ein paar *ciabatta* bestellt. Man muss doch nicht alles, alles, alles selber machen. Und Sie fragen sich wahrscheinlich noch mehr, was, in Herrgottsnamen, ist denn eine Mutterhefe? Das eine hat mit der Kunst der Verführung zu tun. So etwas Intimes kann man nicht delegieren. Das andere mit unseren modernen Zeiten, in denen herz- und ehrlose Bäckereiketten gipsige Wackersteine als Brötchen verkaufen und sogar echte Bayerische Brezn mithilfe allerlei alchimistischen Zinnobers in China gebacken werden. In diesen Zeiten sind die wahren Mütter jedes guten Backwerks selten zu finden. Der Umgang mit der Mutterhefe ist auch nicht ganz einfach – eine Mutter eben – und es gibt pflegeleichten Ersatz: Backpulver und Trockenhefe. Die *livieto madre*, die wir bei Luisa kennengelernt haben, ist eine kraftstrotzende, aber auch empfindliche Dame, die von ihrer Umgebung liebevolle Behandlung erwartet. Sie ist eine enge Verwandte des Sauerteigs und besteht aus Mehl, Wasser und Zucker, die mit ein wenig Hefe zu einem flüssigen Vorteig angerührt werden. Diesen muss man unter einem Tuch bei 22 bis 25° erst einmal sich selbst überlassen. Dann gärt es, die Hefebakterien berauschen sich am Zucker, feiern Sexorgien (im erzkatholischen Italien!) und vermehren sich fröhlich. Was der Voyeur beim Lüpfen des diskreten Tuches unschwer an der Vergrößerung des Volumens erkennen kann. Der Vorteig wirft Blasen, er duftet wie ein blutjunger Wein, er fühlt sich warm und feucht an und nach einem etwa dreitägigen Gelage ist er einsatzbereit.

Von diesem recht flüssigen Brei nimmt man einen Teil ab und gibt ihn als Triebmittel zu seinem Teig. Im Gegenzug muss man natürlich das, was man entnommen hat, wieder ergänzen. Die Hefe-Mama muss gefüttert werden, mit frischem Wasser, Zucker und Mehl. Eine einzige Mutterhefe kann einen Backbetrieb eine hübsche Weile am Laufen halten. Maria Luisas wird nach 10 Jahren Betriebszugehörigkeit in den Ruhestand geschickt. Sich jahrelang zu kennen und zu wissen, wie der andere tickt, hat Vorteile. Wer schon mal Brot gebacken hat, konnte vielleicht die Erfahrung machen, dass das Backergebnis nicht jedes Mal gleich ist. Manchmal wird es sehr gut und manchmal ist es spektakulär. Misslingt Ihnen etwas, können Sie immer sagen, die Mutter-Hefe ist schuld. Es gibt allerdings auch Gründe dafür, dass Bäcker ein Beruf ist, den man jahrelang erlernen muss. In Italien sind es sogar sechs. Und siehe da: Bevor Luisa das Kochen anfing, hat sie eine Ausbildung zum Pâtissier absolviert.

Mit der Zubereitung des Brotes beginnt Luisa allabendlich die Produktion des Menüs. Es ist ein Ritual. Je nachdem, wie viele Gäste sich angekündigt haben, backt sie 3 bis 5 Brote und an besonders guten Tagen außerdem Rosmarinbrötchen. Die allein sind schon eine Reise nach Foligno wert. Kalorienzähler sollten sich vor ihnen hüten und sie am besten links neben dem Teller liegen lassen, denn beginnt man einmal, gibt es kein Zurück. Luisa geht bei den Rosmarinbrötchen nicht nur mit Olivenöl großzügig um, es gehört auch noch von Vaters selbst gemachtem Schmalz hinein und natürlich Speck! Die Brötchen machen glücklich und gierig und angesichts dessen, was an einem Abend bei Luisa noch so alles kommt, will man sich zügeln, tut es aber dann doch nicht. Schließlich ist man ja bei Verstand und weiß, dass man sich bei der allerletzten Bilanz keinesfalls vorwerfen möchte, die Gelegenheiten, das Leben zu genießen, nicht nach Kräften genutzt zu haben.

Der Duft frisch gebackenen Brotes, so sagt Luisa, ist Teil eins der Verführung. Der Duft füllt das Restaurant und die ofenwarmen, knusprigen, urigen Laibe, die sich in der uralten Holzschale aneinanderschmiegen, sind das erste Werk, das der Gast beim Betreten des Restaurants sieht. Damit ist quasi der erste Knopf an Luisas Küche geöffnet. Eine Aufgabe, die man doch nicht einem fremden Bäcker überlassen kann.

Beim Brotbacken beherzt Flüssigkeit zugeben und beim Kneten nicht das Vertrauen verlieren, wenn Ihnen der Teig sehr flüssig vorkommt!

*Maria Luisa findet, dass alles,
was in ihrer Küche theoretisch
Maschinen tun könnten, von
ihrer Hand viel besser gelingt.*

Es sind Drillinge! Luisas Mutterhefe verdient einen Orden! Ihre Brotrezepte finden Sie übrigens im Winter-Kapitel.

il sale ['sa:le] *m*

DAS SALZ

Maria Luisa kennt das. Die Salz-Debatte! Früher oder später entbrennt sie immer unter den Novizen in Maria Luisas *filosofia di cucina.*

Sie legt sich aber auch wieder. Und sie gehört dazu. Folgendermaßen geht es los: Mit dem Gefühl, eine Irritation nicht ganz einordnen zu können, und der Angst, sie auszusprechen. *„Mmmmh! Luisa! Es schmeckt wunderbar. Überwältigend. Beglückend. Köstlich. Es ist perfekt!"* Doch so geht es weiter: *„Nur, äh* (eine lange Atempause, die Suche nach ermutigenden Blicken von Verbündeten am Tisch), *nun, also, wie soll man sagen, nein wirklich, sensationell! Aber, Luisa, könnte es möglicherweise sein, man kann sich irren, durchaus, aber dennoch, kann es sein, dass ganz eventuell eine klitzekleine Prise, wirklich, eine Winzigkeit nur, Salz zu viel dran ist? An allem eigentlich? Oft. Also, immer, im Prinzip? Äh, ja."*

So. Es ist raus. Man hat gesagt, was man empfunden und bei Gefühlen darf doch niemand von falsch und richtig sprechen! Aber mit der Salzkritik ist etwas aus einem herausgepoltert, von dem man fürchtet, in der Konsequenz des Hofes von Königin Maria Luisa verwiesen zu werden. Denn als Maria Luisas Gast hat man sehr schnell verstanden, dass ihre Küche auch eine Lektion ist. Entweder man begreift sie oder man begreift sie eben nicht. Doch so streng ist sie glücklicherweise nicht mit uns. Schließlich schreiben wir ja ein Buch über sie. Also bekommen als Antwort eines ihrer umwerfendsten Lächeln, ein ebenso sanftes wie bestimmtes *„Troppo sale? No."* und eine Viertelstunde ernsthaft Nachhilfe.

„Si." Man schmeckt das Salz. Gut erkannt. *„Bravo, bravissimo!"* Luisa weiß, dass viele Gäste ihre Dosierung erst einmal als ein Zuviel empfinden. Anfänger eben. Man schmeckt das Salz, und zwar, weil sie es genau so will und es genau so sein

muss. Aber zu viel? *„Assolutamente no."* Keinesfalls. Wir lernen, dass es den feinen Unterschied zwischen salzigem Geschmack und dem Geschmack von Salz gibt. Und das ist Übungssache. Und in einer salzfeindlichen Welt kommt man ja kaum noch zum Trainieren. Natürlich sind es keine schüchternen, vorsichtigen Gerichte, die entstehen, wenn man beim Kochen nicht an die Empfehlungen seines bekümmert auf Blutwertetabellen blickenden Hausarztes denkt. Es entstehen selbstbewusste Gerichte, die eine Nuance breitbeiniger dastehen. Nicht von ungefähr wollte ein Restaurant-Kritiker einmal nicht glauben, dass in der Küche kein Mann Regie führt, bis Maria Luisa vor ihm stand. Was ist so männlich an ihren Gerichten? Vielleicht laut zu sagen, was man kann. Ihre Gerichte haben nichts zu verbergen und sämtliche Geschmacksfacetten sind es wert, nuanciert zu werden. Maria Luisas Zutaten und Zubereitung verdienen den roten Teppich, den das Salz ihnen ausrollt. Diesen beherzten Umgang mit Salz kann man sich natürlich nur dann erlauben, wenn die Rohstoffe erstklassig sind. Und erst recht das Salz! Das Salz in Luisas Küche ist reines, gräuliches, unbehandeltes, grobes Meersalz aus Sizilien – aber nur, weil Umbrien kein Meer hat. Die Familie bezieht es schon seit ewigen Zeiten von demselben Lieferanten.

Beim Nachkochen muss es nicht zwingend das Salz von Luisas sizilianischen Salzmann sein und die Menge dosieren Sie bitte einzig und allein nach Ihrem persönlichen *gusto*. Doch wenn Sie es gut mit sich, mit Ihren Gerichten und Ihren Gästen meinen, müssen Sie Luisa zumindest so viel versprechen: Meiden Sie raffiniertes Industriesalz wie der Teufel das Weihwasser und Reste, die sich davon in Ihrer Küche finden, streuen Sie beim nächsten Frost in die Garageneinfahrt.

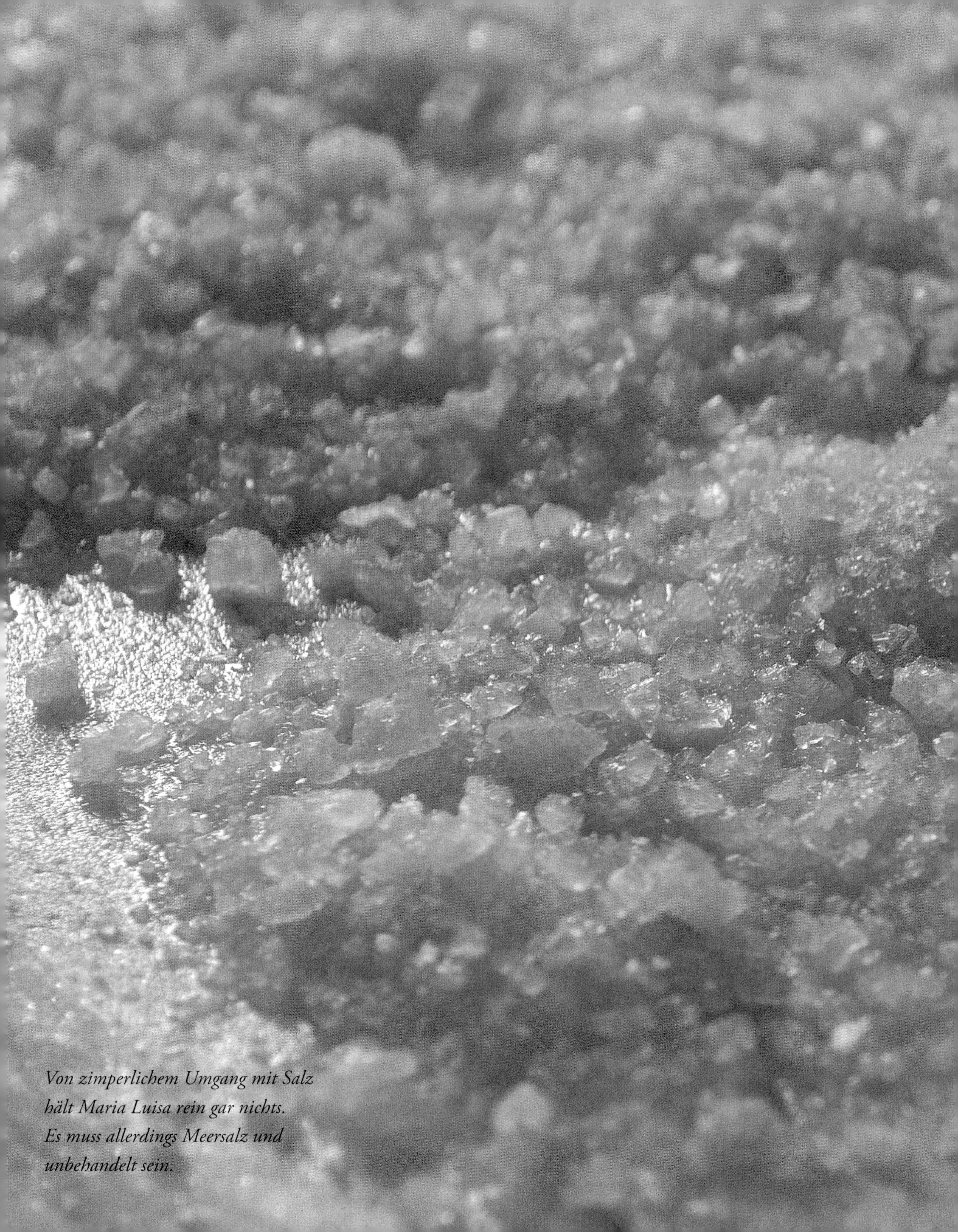

Von zimperlichem Umgang mit Salz hält Maria Luisa rein gar nichts. Es muss allerdings Meersalz und unbehandelt sein.

l'olio di oliva ['ɔ:lio di o'li:va] *n*

DAS OLIVENÖL

Geiz ist keine schöne Eigenschaft. Er macht den Menschen verkniffen und verstopft, einsam und freudlos. Es gibt kaum ein Gebiet, auf dem die Folgen von Geiz tragischer sind als in der Liebe und in der Küche. Luisa liebt das Kochen und ihre Gäste liebt sie auch. Vorausgesetzt, sie erweisen sich dieser Liebe durch guten Willen, eine gewisse Kennerschaft und feine Zungen als würdig. Deshalb wird mit nichts gegeizt und schon gar nicht mit allerfeinstem, jungfräulichem Olivenöl aus der Region. Umbrisches Olivenöl gilt gemeinhin als eines der besten der Welt und Luisa kann recht ungehalten werden, wenn in Umbrien ohne Not Unumbrisches verwendet wird – insbesondere Olivenöl. Sieht sie beispielsweise einen Laster, der Olivenöl aus Apulien in die Provinz bringt, kann man sehr hübsch beobachten, wie die Pupillen groß und die Augen vor Unmut darüber ganz schwarz werden. Richtig böse wird sie, wenn umbrische Lebensmittelhersteller oder Gastwirte ihren Gästen umbrische Küche versprechen und Auswärtiges verwenden. Ihr Wort dafür ist *„Frode!"*, Betrug.

Wer das Glück hat, Luisa beim Akt des Kochens zu bestaunen, wird feststellen, dass in ihrer Küche die Literflasche mit dem erstklassigen Öl viel zu oft und zu reichlich zum Einsatz kommt, als dass es sich lohnen würde, sie überhaupt jemals zu verschließen. Olivenöl ist so selbstverständlich, dass es gar nicht erwähnt wird. Auch in ihrem Rezept für *pasta povera* nicht, die sie nur aus Mehl, Wasser und Salz zuzubereiten verkündet. Wir sind gespannt. Noch größer als unsere Augen ist der tiefe, grüne See, der sich in den sanften Mehlhügel ergießt, als es dann zur Sache geht. Ganz und gar nicht arm dran, diese Nudel, und schon gar nicht der, der sie verzehren darf.

20 Literchen Olivenöl braucht Maria Luisa pro Woche, wenn das Restaurant voll ist. Es kommt natürlich nicht aus dem anonymen Großhandel, sondern wird von Signore Metelli höchstpersönlich in seiner Mühle in Foligno gepresst. Damit beginnt er, anders als gemeinhin üblich, bereits mit voller Absicht im Oktober. Dann sind die Oliven noch nicht vollreif und das wirkt sich auf die ohnehin schon erstklassige Qualität noch positiver aus. Der Anteil der noch grünen Früchte ist sehr viel höher, was das Öl kräftiger und fruchtiger macht. Gleichzeitig reduziert sich der

Anteil an Linolsäure. Das macht das Öl sanfter und es hält sich länger. Der Anteil an Antioxidantien erhöht sich und dadurch halten wir uns länger. Allerdings sind die Oliven im Oktober auch schwieriger zu ernten, denn sie müssen von Hand gepflückt werden. Schwieriger zu verarbeiten sind sie auch, weil sie dann noch hart sind. In Metellis Mühle werden ausschließlich Oliven gepresst, die auf den Hügeln zwischen Foligno und Trevi wachsen, in dem D. O. P. *(Denominazione di Origine Protetta)* Gebiet „Umbria Colli Assisi-Spoleto". Und das geschieht innerhalb von 36 Stunden nach der Ernte. Ende Oktober kommt es nicht selten vor, dass Signore Metelli ein wenig müde aussieht, denn dann läuft seine Mühle fast rund um die Uhr. Die Olivenbauern im Umkreis von Foligno bringen Metelli ihre Ernte und er macht daraus drei verschiedene *olio extra vergine di oliva*, Öle aus der ersten kalten Pressung. Von zweiten Pressungen und allem, was nur „Olivenöl" oder *olio di oliva* heißt, sollten Sie sich überhaupt in Ihrem ganzen Leben ganz grundsätzlich fernhalten, denn es eignet sich lediglich zum Schmieren quietschender Scharniere und vielleicht auch noch fürs Haar.

Von Herrn Metelli haben wir gelernt, dass es Tage dauern kann, die Ölmühle auf jede neue Ernte fein zu justieren, denn Geschmack und Qualität hängen – außer von Sorte, Reifegrad, Größe, Sauberkeit und Qualität der Früchte – massiv von der Feinfühligkeit der Maschine ab. Wir haben auch endlich begriffen, wo die Verwirrung bei dem Begriff „kaltgepresst" liegt: Die Oliven werden nach dem Verlesen und Waschen zunächst zerschnitten und das mitsamt den Kernen. Dem dabei entstehenden Brei wird Wasser hinzugefügt und diese Mischung wird gepresst. Wenn das zugefügte Wasser kalt ist, das heißt maximal 25°, darf das Öl sich kaltgepresst nennen. Nähme man aus Habgier Wasser, das wärmer ist als 27°, käme zwar mehr Öl dabei heraus, doch dann dürfte es später den Adelstitel „kaltgepresst" nicht mehr tragen, denn es ist dann auch nicht mehr so gut. Ergo: beim Kauf einer Flasche unbedingt auf die Zauberworte *estrazione a freddo* oder „kaltgepresst" achten. In einem dritten Arbeitsschritt wird die ausgepresste Flüssigkeit zentrifugiert, um das

Wasser vom Öl zu trennen. Das neue Öl ist tiefgrün, und bevor es filtriert ist, ist es trüb. Laut Signore Metelli schmeckt das neue Öl – aller Urigkeit zum Trotz – nach dem Filtrieren allerdings noch feiner. Wenn das Öl ein paar Tage steht, setzen sich die Schwebstoffe ohnehin am Flaschenboden ab und das *olio novello* ist klar. Es brennt am Gaumen ein wenig und das gehört sich so.

Maria Luisa verwendet zwei verschiedene Jungfern-Olivenöle, die aus den Sorten *Frantoio* und *Moraiolo* gepresst werden. Das eine Öl nimmt sie zum Braten, Backen, Kochen, und mit dem besonders fruchtigen *Fruttato* beträufelt sie die fertigen Gerichte und geröstetes Brot, die *frittata*, das Gemüse, den Fisch, das Fleisch, die Kartoffeln, die Pürees, die Suppen, die Pizze, die Pilze, alles eigentlich, bis auf die Desserts. Die Autorin geht sogar noch großzügiger mit dem kostbaren Öl um: Sie durchtränkt auf der Rückreise ihren Koffer mit dem Inhalt zweier allzu sorglos verpackten Literflaschen *olio novello* …

An einem kalten Tag im Januar, als sämtliche Oliven der Region längst gepresst waren und es still war in seiner Ölmühle, haben wir mit Herrn Metelli auf Maria Luisa und die Villa Roncalli, auf Umbrien, auf einen niedrigen Cholesterinspiegel und auf das gute Leben angestoßen. Mit einem Schnapsgläschen vom neuen, leicht bitteren Olivenöl, versteht sich.

Diese Oliven wachsen im Olivenhain von Giuseppe Germani, der sich die Mühe des Anbaus aus der Angst macht, mal nicht genug wirklich gutes Öl im Haus zu haben. Aus Angst, nicht genügend Trüffel im Haus zu haben, hat er seinen Hunden beigebracht, welche zu finden.

Noch jemand, der geglaubt hat, schwarze und grüne Oliven wachsen an verschiedenen Bäumen? Erntet man schon im Oktober, ist der Anteil der noch grünen Früchte höher und dann wird das Öl feiner.
Pro Baum rechnet man normalerweise 20 Kilo Oliven. Das macht – je nach Sorte und Erntezeitpunkt – bis zu fünf Liter Öl. Weil Guiseppes Bäumchen aber noch so klein sind und die Ernte so früh, sind es bei ihm maximal zwei.

Bevor das blutjunge Jungfernöl filtriert wird, ist es trüb. Maria Luisa bevorzugt jedoch das gefilterte, weil es noch feiner schmeckt. Mit der Spritze werden Proben zur Bestimmung des Säuregrads gezogen.

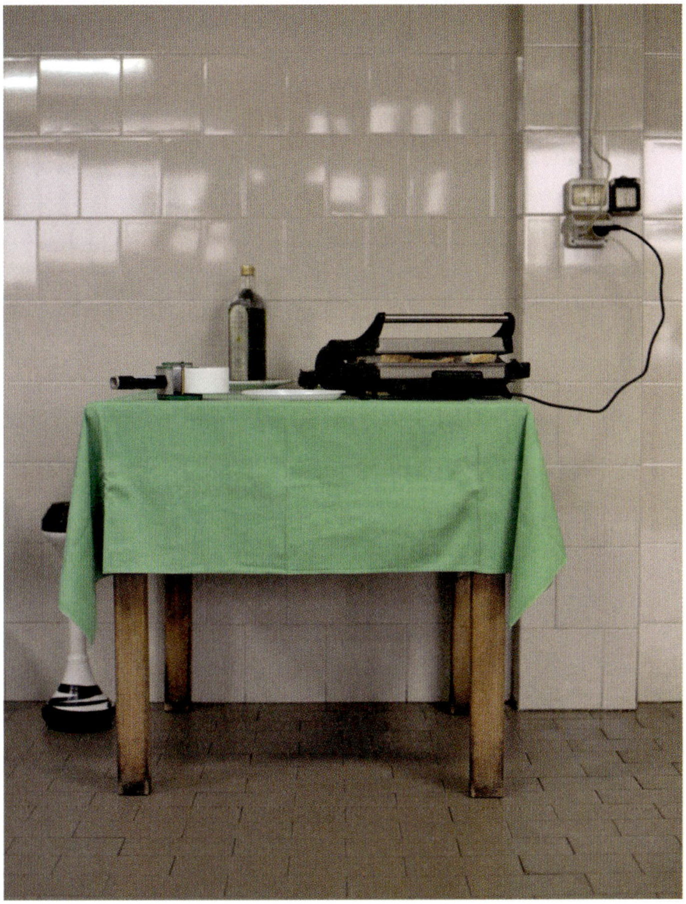

Signore Metellis Öl, auf das Luisa so schwört, haben wir in der Mühle fachmännisch verkostet: zuerst ganz ohne Brot, pur aus einem Schnapsglas. Und wir haben deutlich gespürt, was als eindeutiger Qualitätshinweis gilt: Schärfe und leichte Bitterkeit im Rachen.

Maria Luisas Mengenangaben für Olivenöl in den Rezepten brauchen Sie eigentlich nicht zu kümmern. Gemeint ist immer „reichlich".

il grasso ['grasso] *m*
DAS FETT

Auch wenn die Medien, die Produzenten von fettlosen Brat-Cremes oder die Statistiken über zunehmendes Übergewicht uns das glauben machen wollen, Fett ist nicht von Natur aus böse. „*Al contrario!*“ Wir möchten entschieden gegen den schlechten Ruf dieses elementaren Ernährungsbestandteils in all seinen herrlichen Formen wettern und Luisas unbeirrten Einsatz von Schmalz *(strutto)* und Butter, von fettem Speck *(lardo)*, von Schweinebacke *(guanciale),* Schweinebauch *(pancetta),* Schweinenetz *(rete di maiale)* bejubeln – neben dem von *olio extra vergine,* versteht sich.

Fett meint es gut mit uns. In jeder Hinsicht. Das beweist schon die Tatsache, dass jenes erstaunliche Organ, das den Menschen dazu befähigt hat, das Kochen zu erfinden und Bücher darüber zu schreiben, zu 60 % aus Fett besteht. Und fragen Sie Ihre Sinne. Dass Fett ein Geschmacksverstärker ohnegleichen ist, das ist bekannt. Bekannt ist auch dieser unbefriedigte Gesichtsausdruck der Fettverächter. Fett rollt dem Eigengeschmack aller Zutaten einen roten Teppich aus und besitzt selbst einen feinen Charakter und eigenen, köstlichen Geschmack. Wer prinzipiell die Fettränder abschneidet und von einem Tier nur das Filet isst, handelt außerdem unökologisch und unökonomisch. Soweit mal die Moral. Wie gut Fett uns tut, ist natürlich immer eine Frage der Menge und des Ausgleichs. Auf einen üppigen Tag kann man einen magereren folgen lassen. Am amerikanischen Vorbild orientierte Üppigkeit gibt es in Maria Luisas Menüs ohnehin nicht. Sie serviert lieber kleinere Portionen und große Vielfalt. Fleisch serviert sie in einer eleganten Dosis, in der es um den Geschmack und die Kunst der Zubereitung geht. Das hat in der bäuerlichen Geschichte Umbriens seinen Ursprung. Fleisch ist nun mal nicht die Hauptsache, wenn die Welt in Balance ist. Soll heißen, wenn Gemüse und Früchte günstiger sind als Fleisch und nicht umgekehrt – wie in deutschen Discount-Märkten. Maria Luisas Gäste sollen in den Genuss vieler Geschmäcker, Texturen und Traditionen kommen, nicht an ihre Grenzen. Auch nach sechs Gängen und vielen natürlichen Varianten von Fett schläft es sich leicht, man träumt nur Schönes und erwacht mit gesundem Appetit auf einen *caffè* und ein knuspriges *cornetto al burro.*

Angelo Scolastra, Maria Luisas Vater, macht aus seinen privaten Schweinen, die strenge Diät halten müssen, himmlisches Schmalz, mit dem Luisa zum Glück nicht geizt.

Feines Schmalz aus dem Speck eigener Schweine, mit Oregano, Rosmarin, altem Balsamico, Pfeffer und Salz gewürzt. Damit reibt Maria Luisa das Fleisch ein, bevor sie es in Olivenöl brät, in dem sie zuvor ein Stückchen Butter aufgelöst hat.

Maria Luisas Vater isst nur Würste, die er selbst aus seinen eigenen Schweinen herstellt, und das Rezept würde er um nichts in der Welt verraten. Speck und Schweinebacke, Schmalz und Schinken macht er auch.

Angelo „Lucifero“ Scolastra ist Mitglied der Accademia Italiana della Cuccina. Den Kosenamen Lucifero trägt er, weil er so gern Fleisch über offenem Feuer grillt.

i carboidrati [karboi'dra:ti] *pl*

DIE KOHLENHYDRATE

Nein, für eine Low-Carb-Diät oder bei Gluten-Intoleranz ist die Villa Roncalli nicht der ideale Ort. Das täglich selbst gebackene Brot, auch mal mit Käse oder Walnüssen, die Rosmarinbrötchen, die *polenta* in ihren verschiedenen Mahlstufen und Farben, die *gnocchi*, die *cappelletti*, die *grissini*, die warmen Küchlein, der Strudel … Bei all diesen kohlenhydrathaltigen Herrlichkeiten, die sich im Laufe eines Menüs summieren (nicht zu vergessen die knusprigen *cornetti* zum Frühstück) kann es schon mal vorkommen, dass der glukämische Index nicht im optimalen Bereich liegt. Aber ein Abend bei Maria Luisa ist ja auch nichts für alle, sondern für besondere Tage.

Diesen neumodischen Ernährungsreligionen stehen wir ohnehin ungläubig und erstaunt gegenüber und unsere Liebe zum Kohlenhydrat ist so unerschütterlich wie der Glaube vieler Menschen, an komplizierten Unverträglichkeiten von ganz alltäglichen Nahrungsmitteln wie Milch und Brot zu leiden. Man hat doch schon so einige Moden und Lifestyletrends beobachten können, bei denen die Nahrungsmittel-Dämonen sich die Klinke in die Hand geben. Interessant, dass in der Folge von der Nahrungsmittelindustrie Unmengen Produkte auf den Markt geworfen werden, oder (pssst, kleine Verschwörungstheorie ...) ist es vielleicht umgekehrt? Wir diagnostizieren jedenfalls bei uns selbst eine sich verschlimmernde Nahrungsmittelintoleranz-Intoleranz und freuen uns von Herzen über die Existenz des Klebe-Eiweißes Gluten, denn es sorgt dafür, dass Maria Luisas berühmte *gnocchi* – obwohl zart und fluffig und ganz ohne Ei – nicht auseinanderfallen und das Brot eine wunderbare Krume besitzt. Natürlich. Es gibt Menschen, die Gluten wirklich einfach nicht vertragen. Doch das ist ein wirklich sehr, sehr seltener Befund und nicht geeignet, Supermarktregale zu füllen und inzwischen sogar die Speisekarten von Restaurants.

Wie dem auch sei. Wir sind ja bei Maria Luisa ohnehin und glücklicherweise in einer anderen Zeit. In Maria Luisas Welt kauft man Mehl und *polenta* prinzipiell nicht im Supermarkt, wo es von irgendwo herkommt und wahrscheinlich sogar irgendwie vorbehandelt wurde. Hier nimmt man das Getreide und den Mais, wie er nun mal ist: 1. Nur von den Feldern um Foligno. 2. In einer Steinmühle frisch gemahlen. Nicht in irgendeiner, sondern in der Mühle der Müller-Dynastie Fratelli Bordoni, und diese sitzt, wie sich das für eine rechte Mühle gehört, über einem wilden Bach.

Die Mühle stammt aus dem 16. Jahrhundert und den alten, ursprünglichen Teil, der sich im höhlenartigen Keller des Hauses befindet, baut die Familie gerade mit viel Liebe zum Museum um. Hier sieht man noch die Reste des riesigen Schaufelrades aus Eiche, durch das ungezählte Mengen umbrischen Wassers rauschten. Heute ist der Mahlprozess zwar modernisiert, doch gemahlen wird immer noch mit einem Mühlstein und das gemächlich.

So urig die Produktion der verschiedenen Mehl- und *polenta*-Sorten ist, so modern ist in der Mühle auch der Umgang mit Energie. Die Familie hat ein wenig unterhalb eine eigene Turbine gebaut, und jetzt erzeugt der Bach so viel Strom, dass dieser in das Stromnetz der Gemeinde eingespeist werden kann.

Signore Bordoni, der wie alle Männer der Familie Giovanni heißt, war übrigens so nett, jedem von uns einen schönen und handlichen Fünf-Kilo-Sack des Mehls zu schenken, das Maria Luisa für süßes Gebäck verwendet, und seitdem wissen wir, dass nicht nur Flüssigkeiten und Pasten ab einer Größe von 100 ml bei der Flughafen-Sicherheitskontrolle für Aufregung sorgen können.

Eine kleine Mehlkunde: Die Typenbezeichnungen geben Auskunft über Feuchte, Mineralstoff- und Proteingehalt sowie Klebeeigenschaften des Mehls. Hier stapelt sich Bordonis Weichweizenmehl tipo „0“, das Maria Luisa für süßes Gebäck verwendet. In Deutschland nähme sie Typ 405, für Brot 550.

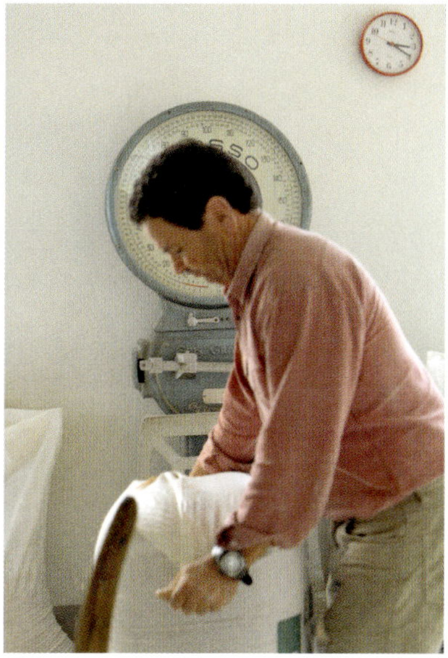

Hier mahlt der Chef noch selbst und zwar ausschließlich Getreide aus der Region.

i porcellini [portʃelˈliːni] *pl*

DIE SCHWEINCHEN

Stellen Sie sich bitte einen Spätherbstwald in Hanglage vor, natürlich nicht irgendeinen, sondern einen umbrischen Laubwald, einen voller knurzeliger Eichen, in dem es nach feuchter Erde duftet, nach Pilzen und weichem Moos. Sie strolchen absichtslos darin herum, bis auf die eine Absicht, die klare, baldigen Nachtfrost verheißende Luft einzuatmen und sich an den Farben der Bäume zu ergötzen und über Werden und Vergehen nachzusinnen, als plötzlich wollüstige Schmatzlaute im raschelnden Laub die leise Melancholie des dunstigen Herbstmorgens stören und Sie feststellen, Sie sind hier nicht allein. Sie entsinnen sich der Jagdsaison, doch fürchten Sie weniger die Jäger als die Gejagten. Schreckliches hört man ja von Wildsäuen und Keilern, von ihren langen Hauern, ihrer fresssüchtigen Raserei, ihrem langen Bremsweg und ihrer mangelnden Verhandlungsbereitschaft. Sie spekulieren auf die Kurzsichtigkeit der mörderischen Rotte und hoffen, einfach übersehen zu werden, während Sie, sich plötzlich erinnernd, dass man Wildschweinen nicht den Rücken zudrehen soll, bei Ihrem tapsenden Rückzug den nächsten Baum rammen.

Doch was Sie dann sehen, sind nicht diese widerborstigen, braunen Angehörigen der großen Familie der Schweine, sondern jene sanftmütigen, zarthäutigen, rosa Hausschweine, denen nichts, aber auch gar nichts ferner liegt, als Sie zu zerfleischen, und die Sie fast ein wenig besorgt durch ihre weißbewimperten Schweinsäuglein ansehen.

Auch das Hausschwein schätzt das Lustwandeln in der Freiheit der umbrischen Wälder sehr, und es gibt sich dieser Wonne ungleich tiefer hin als Sie. Die nasse Schnauze stets dicht über dem Boden, wühlt es sich fröhlich grunzend durchs Laub auf der Suche nach Eicheln, von denen es sich zwar nicht besonders abwechslungsreich, aber ausgezeichnet ernährt und deren würziges Aroma ihm in Fleisch und Blut übergehen wird. Köche, Fleischer und Fleischesser wissen das sehr zu schätzen. So auch Luisas Vater Angelo Scolastra: Aus diesen Schweinen und ausschließlich aus diesen valtopinischen Waldschweinen machte er seine privaten Würste und seinen Schinken, den *lardo,* und das Schmalz, das aufs Vortrefflichste in Maria Luisas Küchenkunst glänzt.

Aber, ach! Die geschilderte friedliche Szene aus dem Leben dieser unbeschwerten, vogelfreien Schweine stammt aus der Vergangenheit. Heute, einige internationale Tierseuchen später, die Carnivoren erschüttert, Vegetarier bestärkt und italienische Gesetzesvorschriften geändert haben (um ein Haar wurde die *bistecca alla fiorentina* verboten und das köstliche Kalbsbries wurde eliminiert), ist es Signore Gianni Bocchini leider nicht mehr gestattet, seine Schweine unbeaufsichtigt über das Gelände des Gehöftes und durch seine weitläufigen Wälder bei Valtopina streifen zu lassen, wo sie sich ihren Lebensunterhalt weitestgehend selbst verdient hatten. Das machte es auch wenig arbeitsintensiv, die Tiere zu halten. Inzwischen verlangen die Gesundheitsbehörden von jedem, der Schweine aufzieht, regelmäßige Kontrollen. Die Tiere tragen eine Nummer im Ohr und sie müssen streng eingezäunt in einem Stall gehalten werden, eine Außenanlage ist erlaubt. Die Eicheln, die sie so gern futtern, muss jetzt Signore Bocchini für sie sammeln. Zwei Kilo verspeist ein Schwein pro Tag. Dazu kommt noch eine Art Bio-Müsli aus Mais, Gerste und Weizenkleie, das nach einem Rezept von Maria Luisas Vater angemischt wird. Die Schweineaufzucht im größeren Stil hat Gianni Bocchini inzwischen aufgegeben, denn so macht sie ihm und seinen betagten Eltern viel zu viel Arbeit, als dass sie noch als Liebhaberei durchgehen kann. Nur für Angelo Scolastra und Maria Luisa macht die Familie diese kleine Ausnahme. Drei keineswegs unzufrieden wirkende Schweinchen mästen Gianni Bocchini, sein Vater Settimo und seine Mutter Pierina in einem Stall mit einer Aussichtsterrasse auf die Wälder exakt nach Angelo Scolastras strengem Ernährungsplan. Der scheint gut zu sein, denn die Schweine sind kräftig, aber schlank und straff. Und Angelos Würste sind eine Wucht, dessen durften wir uns schon mehrfach versichern. Wenn die Schweine mal ein Zipperlein haben, werden sie homöopathisch behandelt, denn manchmal ist Fleisch auch dann Bio, wenn es nicht draufsteht.

Unter Schweinen gelten Eicheln als ausgesprochene Delikatesse. Damit sie glücklich sind, bekommen sie davon zwei Kilogramm täglich.

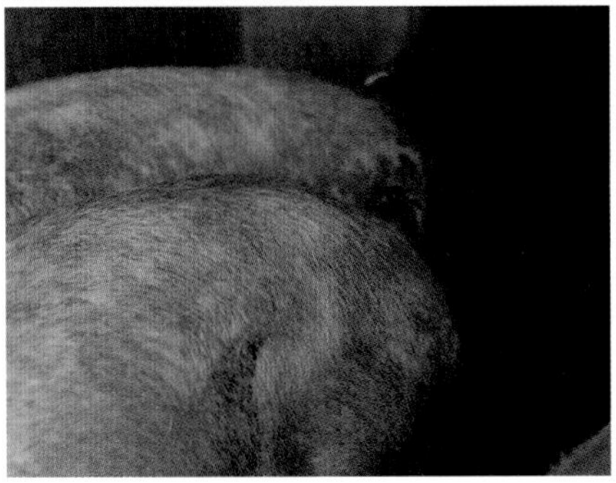

Die Bocchinis überwachen die strenge Vollwertgetreide-Eichel-Diät der drei straffen Schweine, die Angelo Scolastra bei ihnen, in den duftenden Wäldern bei Valtopina, in Pension gegeben hat.

la chianina [kia:ni'na] *f*

DIE RINDER

An einem heißen Tag im Juli ist eine Expedition zum Ursprung Luisas herrlicher Fleischgerichte geplant, zur Società Agricola Forestale Brunelli, gut eineinhalb Stunden von Foligno, wo Signore Brunelli Primo, der so heißt, weil er der erste einer langen Folge von Geschwistern war, seit 40 Jahren die eindrucksvollen, schönen, porzellanweißen *chianina*-Rinder züchtet. Bis zur Erfindung von Traktoren wurden sie ihrer gewaltigen Größe und ihrer Kraft (der amtierende schwerste Bulle wiegt 1,7 Tonnen!) wegen als Arbeitstiere eingesetzt. Doch schon bald ahnte man, dass das Fleisch dieser ungeheuer muskulösen Rasse von außerordentlicher Qualität sein muss. Im Milchgeschäft hingegen waren die *chianina* nie. Sie werden heute hauptsächlich in der Toskana, im Val di Chiana, in Marken und Umbrien gezüchtet. Diese alte Rasse wird geradezu verehrt und man hat ihre Existenz wieder mal den alten Etruskern zu verdanken. Bereits um 1000 v. Chr. haben die sich`s in der Toskana und in Umbrien gut gehen lassen. Sie haben die Malaria-Sümpfe trockengelegt, wobei die *chianina* am meisten schufteten, und haben von ihren Hügeln ihr berühmt gewordenes etruskisches Lächeln heruntergelächelt. Wer weiß, vielleicht weil sie zum aus Kleinasien mitgebrachten *Sagrantino*-Wein auch schon *bistecca alla fiorentina* gegessen haben? Dieses weltberühmte Steak wird in einer vier bis fünf Zentimeter dicken Scheibe mit dem T-förmigem Wirbelsäulen-Knochen aus der Hochrippe geschnitten, hat einen Roastbeef und einen Filet-Teil. Es wird traditionell über Holzfeuer gegrillt, maximal medium rare gegart und anschließend nur mit Salz und Olivenöl gewürzt. Schon Pfeffer würde bedeuten, dem delikaten Geschmack Gewalt anzutun. Wenn Sie hier in einem Restaurant ein durchgegartes Steak verlangen, wird man Ihnen diesen grotesken Wunsch garantiert rigoros verweigern. Richtig zubereitet, also blutig, schmilzt das Fleisch auf der Zunge. Das Fleisch muss mindestens 25 Tage bei 0° abhängen, das ist essentiell. Man nimmt es einen Tag vor der Zubereitung aus der Kühlung und massiert es immer wieder zärtlich mit Olivenöl. Eine *bistecca alla fiorentina* hat rund 1.200 g, macht also mindestens zwei Personen sehr glücklich und wir staunen, dass man in Umbrien mit den Küchengrenzen ausnahmsweise nicht päpstlicher ist als der Papst und dieses toskanische Gericht preist. Allerdings wird nicht alles, was man ihnen als *bistecca alla fiorentina* vorsetzt, Fleisch vom *chianina*-Rind sein. Das ausdrücklich zu erwähnen und per Zertifikat zu beweisen, wird sich jedoch kein ehrenwerter Koch nehmen lassen.

Signore Antonio Antonini, Fleischer im Ruhestand, sehr aktiver Fleischesser und *Sagrantino*-Winzer, von dem wir diese erste Lektion über *chianina*-Rinder erhalten haben, eskortiert uns nach Nocera. Er ist ein enger Freund von Luisas Vater und außerdem, das soll ich unbedingt schreiben, *il grande amico di* Brunelli Primo, dem Züchter. Wir starten mit gut zweieinhalb Stunden Verspätung geradezu pünktlich zu unserer Fahrt in zwei Automobilen über hügeliges Land in nordwestlicher Richtung. Bereits an der ersten Kreuzung verlieren wir den Anschluss an den rasenden Signore Antonini, da wir mit Luisa in eine erhitzte Diskussion über das international operierende umbrische Trüffelimperium Urbani geraten: Das fordert volle Konzentration, jedoch nicht auf die einzuschlagende Fahrtrichtung. Aber Luisa kennt ja das Ziel und nach kurzen Spekulationen darüber, ob das Ganze vielleicht ein Manöver von Antonini war, um uns abzuhängen, gehen wir davon aus, dass unsere Dolmetscherin Marie Theres bei ihrem Chauffeur vielleicht nicht in guten, gewiss aber in erfahrenen Händen ist.

Wir fahren über breite, neue Straßen, vorbei an glatten, neuen Häusern, über neue Brücken und unter neuen Brücken hindurch. Auch in Umbrien ist von Menschenhand Geschaffenes nicht unbedingt überall schön. In Folge der Tragödie des Erdbebens von 1997 entstanden viele architektonische Lieblosigkeiten. Die asphaltierten Straßen sind noch nicht einmal zwei Jahre alt, erklärt uns Maria Luisa, so schnell funktioniert eben die Hilfe der Regierung. Hier in diesen Hügeln hatte die Familie ein Ferienhaus. Es wurde vollkommen zerstört, und seit 16 Jahren träumt Luisa von einem Wiederaufbau, doch bis jetzt hat es den versprochenen Schadensersatz noch nicht gegeben. Kurz vor dem Ziel überholt uns ein Fiat, er stoppt, die Türen fliegen auf, eine unversehrte Dolmetscherin und *il grande amico di* Brunelli

100 % der hier weidenden chianina-Damen sind bereit, sich jederzeit von dem einzigen muskulösen Bullen (3. v. l., etwas dunkler) – auf ganz natürliche Weise – zur Mutter machen zu lassen. Passenderweise hat er es gern 2–3 x täglich.

Brunelli Primo ist stolzer Besitzer einer großen Herde und zweier Bullen, die sich mit der Landpartie täglich abwechseln. Dieser hier erinnert Brunelli gerade daran, wer der Stärkere ist.

la chianina [kia:niˈna] *f*

Primo steigen aufgebracht gestikulierend aus und fragen uns, ob wir noch alle beisammen hätten. Wir zählen durch, bejahen und müssen dann allerdings um 180 Grad wenden. Diesmal folgen wir artig dem Wagen, biegen alsbald in einen Feldweg ein und sehen viele Pferde, aber kein ein einziges Rind. Wir parken vor einer Metzgerei, die offensichtlich nicht viel auf Laufkundschaft gibt, denn sie steht fünf Autominuten abseits der Straße, allein auf einem kleinen Hügel. Hier kommt man hin, weil man etwas ganz Bestimmtes unbedingt will, und wir verstehen, dass wir unseren lehrreichen Ausflug am Ende des Zuchterfolges beginnen. Wir werden erwartet von Signore Brunelli selbst, seinem Sohn und einem Mitarbeiter und uns wird außerdem klar, dass uns hier exklusive Einsichten gewährt werden. Nicht unbeobachtet bleibt, dass Herr Antonini eine Kinderschokolade-Kühltasche aus dem Kofferraum nimmt und sie komplizenhaft einem vollkommen weiß gekleideten Mann übergibt. Später werden wir erfahren, dass es keine Kinderschokolade ist, die *il grande amico* darin transportiert, und der weiß gekleidete Mann zwar kein Arzt ist, aber ein Mann mit chirurgischen Qualitäten.

Nachdem der Lauf der Welt heute zum zweiten Mal ausführlich besprochen wurde, steigen wir wieder in diverse Autos, fahren vorbei an Weiden mit Futtertrögen, die aussehen, als hätten riesenhafte Könige ihre Kronen verloren oder sie – des Amtes müde – von sich geworfen. Jetzt geht es aber doch der Reihe nach und wir besichtigen erst einmal die *chianina*-Mutter-Kind-Station und den Rinder-Kindergarten. In der Nacht sind Zwillingskälbchen geboren. Sie balancieren auf sehr langen Beinen um die Mutter herum. Ihr Fell ist hellbraun und sie sind so hübsch, dass wir alle still beschließen – zumindest für einige Stunden – kein Kalbfleisch mehr zu essen, nur noch *scaloppine.* Es herrscht friedliche, aufgeräumte Atmosphäre. Kälber in allen Größen und Schattierungen von Braun, es duftet nach Heu, nicht nach Stall. Die anwesenden Damen sind mächtig beeindruckt von dem jungen Stier, was den anwesenden Herren Anlass zum Schmunzeln gibt. Ja, auch die Hoden werden gegessen, und wer nicht zu schüchtern ist, im Restaurant danach zu fragen, dem bereitet man überall gern welche zu. Uns fallen zwei gelangweilte Kühe auf, die aussehen wie entfernte Tanten der *chianina* und lernen, dass es sich um Ammenkühe handelt – Milchkühe, die einspringen, falls eine echte Mutter nicht kann oder will. So ist das bei majestätischen Rindern mit reinrassigem Stammbaum. Vier Monate bleiben die Kälbchen bei der Mama und ernähren sich ebenso einseitig wie gut von Muttermilch. Dann wird es schon ernst und die Mast beginnt. Erst mit Breichen, einer Mischung aus Getreide und Milch, dann mit Vollwertkost aus Bohnen, Mais und Gerste von eigenen Bio-Feldern, damit man weiß, was drin ist. Zwei Stiere besitzt Signore Brunelli. Der andere ist heute auf der Weide, jeder darf einen Tag raus. Eine sympathische und auch biologische Regel der *chianina*-Zucht ist es, den Gefühlen der Tiere freien Lauf zu lassen. Hier wird sich noch aus Neigung fortgepflanzt, wobei das Zuchtbuch dafür garantiert, dass Inzucht vermieden wird.

Als wir die muskulösen Tiere auf der endlosen Weide sehen, sieht es auch fast so aus, als würde es zwischen Stier Nr. 2 und einer verliebten Kuh, die ihn kuhäugig anschmachtet, zum Äußersten kommen. Der Stier senkt seinen gewaltigen Kopf vor der neben ihm geradezu zierlich wirkenden *signorina*, er stampft mit dem Huf auf, eine Staubwolke steigt auf. Wir denken, er verneigt sich höflich bei gleichzeitiger Potenzdemonstration. Die Männer, die sich mit Stieren besser auskennen, lesen darin etwas anderes. Sie will, er aber nicht, und sie soll sich bitte aus dem Staub machen. Das gibt`s also auch bei Rindern. Dreimal täglich ist in der Regel sein Schnitt. Doch vor so vielen Leuten? Man sagt ja auch, diese Rasse sei sehr sensibel.

Aller Sensibilität und Heiligkeit zum Trotz: Für den Züchter Brunelli und seinen Fleischer-Freund Antonini stehen hier nicht schöne Tiere, die ein Alter oder eine Größe haben. Hier steht schöne Ware und die hat ein Gewicht. Die Kühe werden mit 16/17 Monaten geschlachtet, die Bullen mit 18. Rund 800 kg wiegt ein Bulle dann. Davon kann man 64 % essen, 25 % sind Knochen. 7.000 € kostet ein Stier. Die Regeln für *chianina*-Rinder und ihr Fleisch sind extrem streng. Die Qualitätsbezeichnung *L'Indicazione Geografica Protetta* (I. G. P.) bestimmt auch

*Auch er war einmal sehr klein und sehr niedlich ...
Der bislang schwerste chianina-Bulle brachte es
auf 1,7 Tonnen.*

la chianina [kia:ni'na] *f*

Regeln für die Ernährung. So muss beispielsweise das Futter aus der Region kommen und Zusätze sind verboten. Zur Qualitätssicherung sind alle Bestandteile des Fleisches wie z. B. der Protein- und Cholesteringehalt exakt festgelegt, und der ist beim *chianina* sehr gering.

Zwischen ihren Ausführungen für uns beschuldigen die *due grandi amici Brunelli e Antonini* einander ununterbrochen, sich an dem anderen reich gemacht zu haben und das klingt wie ein gepflegter Streit, an dem sie schon seit Jahrzehnten einen Heidenspaß haben. Als wir zur Metzgerei zurückkehren, natürlich ein klein wenig später als geplant, ist unter der Metzgerei, im Partykeller quasi, der Tisch gedeckt für ein kleines, leichtes Sommer-*pranzo*: ein klein wenig Schinken mit Melone, ein klein wenig *coppa*, *salami* und Käse. Dazu ein kleines Gläschen schwarzer, fülliger Antonini-*Sagrantino*. Dann eine ganz kleine *pasta* mit ein ganz klein wenig *salsiccia*. Und noch ein kleines Schlückchen schwarzer Antonini-*Sagrantino*. Und dann ein klitzekleines *bistecca* vom großen *chianina*. An diesem Nachmittag hätten wir drei Gerichte fotografieren müssen, aber dazu ist es nicht mehr gekommen.

Wenn Brunelli ein besonders schönes Stück *chianina* hat, ruft er Luisa an. Doch Luisas Fleischgerichte sind der hundertprozentige Gegenentwurf zu einer *bistecca*. Sie verneigt sich vor diesem wunderbaren Fleisch nicht damit, es in seiner schieren, üppigen, überwältigenden Pracht für sich stehen zu lassen. Sie unterstreicht seine Kostbarkeit durch Zurückhaltung in der Menge und elegante Begleitung, die ihm ebenbürtig ist.

*Für den Züchter Brunelli Primo
und seinen ärgsten Freund Antonini,
Fleischer und Winzer, ist ein
tellergroßes chianina-Steak etwas für
den hohlen Zahn. Den Koch freut`s.*

le lenticchie [len'tikkie] *pl*

DIE LINSEN

Der Linse wird in der Regel kein großes Interesse entgegengebracht. Sie ist eben da, in allen möglichen Größen und Farben, und sie steht trotz ihrer Nahrhaftigkeit bei den meisten Menschen unseres Kulturkreises nicht in hohem Ansehen, dafür aber gern jahrelang in einer angebrochenen Tüte im Schrank, neben anderen haltbaren Überlebensmitteln, die man für den Fall einer plötzlichen Hungersnot im Haus hat. Sie ist ein Paradebeispiel für das, was man dankbar nennt, auch in der Aufbewahrung. Anspruchslos, ausdauernd. Nichts fordernd, alles gebend. Manchmal gibt es kluge Küchenprinzen und -prinzessinnen, die die Linse aus ihrem Aschenputtel-Dasein erlösen, weil sie unter ihrem mauerblümchenhaften Auftreten ihre Schönheit und ihre innere Werte erkennen. Auch die Einflüsse außereuropäischer Küchen bescheren der Linse zuweilen Gastauftritte, etwa als Salat auf multikulturellen Akademiker-Partys oder grünliberalen Stadtteilfesten mit hohem Veganer-Anteil. Doch in der Regel wärmt die Linse den Deutschen als zerkochte gräulichgrüne, essigsäuerliche Suppe im Winter den Wanst, gern in Kombination mit einem Würstchen und das war's. Den Eigengeschmack der Linse hervorzukitzeln ist nicht das Ziel einer solchen Zubereitung, hier geht es eher ums Sattwerden. In Luisas Küche ist die Linse aus lauter Liebe zu diesem Gewächs allgegenwärtig. Sie ist ja auch äußerst flexibel in ihren Einsatzmöglichkeiten. Sie kommt in bäuerlicher *pasta* vor, in eleganten Fleischgerichten oder als Hauptdarsteller in Suppen. Oft auch in diesem Zwischending aus Suppe und Püree, der *passatine*, die Luisa so gern bereitet und was man ehrlicherweise als Brei übersetzen muss. Der Widerstand beim Niederschreiben des Wortes Brei ist jedoch umgekehrt proportional zur Freude beim Essen von Maria Luisas *passatine*. Das kann vielleicht dran liegen, dass ihre besänftigende Konsistenz Erinnerungen an Zeiten wachruft, die sehr, sehr weit zurückliegen ... Maria Luisas *passatine* ist auch ein Beispiel dafür, dass große Kochkunst sich in einfachen Gerichten zeigt. Sämtliche Zutaten werden eins miteinander, jede einzelne ist trotzdem auch für sich präsent und jedes Geschmackselement ist herauszuschmecken. Allerdings sind Maria Luisas Linsen auch keine gewöhnlichen. Sie sind sehr klein, bräunlich und eher rundlich als platt und sie brauchen vor dem Kochen nicht eingeweicht zu werden. Sie behalten angenehmen Biss und ihr Geschmack ist kräftig und nussig und steht sehr selbstbewusst für sich allein.

Eines Wintertags erzählt uns Maria Luisa beim Kochen der Linsen von dem Feld, von dem diese Linsen stammen, und wie schön es im Frühling blüht. Uns wird in diesem Augenblick klar, dass wir uns bis dato noch nie gefragt haben, wie Linsen groß werden. Sie etwa? Junge Gartenerbsen und junge Bohnen hat man ja schon gesehen, aber Linsen scheinen getrocknet, in 500-Gramm-Tüten verpackt, ohne Angabe des Namens der Eltern oder des Geburtsortes in tiefer gelegenen Supermarktregalen auf die Welt zu kommen. Die Linsen, mit denen Luisa kocht, kommen allerdings ursprünglich von einem Hochplateau im Naturreservat Monti Sibillini, dessen höchster Berg es auf 2.476 Meter bringt. Die Linsen wachsen nicht ganz so hoch, zu Fuße des kleinen Dorfs Castelluccio di Norcia. Wahren Linsenkennern, also allen Umbrern, sind die kleinen Hülsenfrüchtchen ein Begriff. Und da sie inmitten des Naturschutzgebietes angebaut werden, versteht es sich von ganz allein, dass sie ohne jede Art von Nachhilfe wachsen. Man gibt dem Boden Zeit sich zu erholen: Ein Jahr wachsen Linsen, ein Jahr lang ist *siesta*, ein Jahr wächst Getreide.

Nach jenem verheißungsvollen winterlichen Küchengeplauder haben wir uns ein halbes Jahr darauf gefreut, die Linsen blühen zu sehen – erst recht, nachdem Luisa uns ein Foto von der Hochebene gezeigt hat, und eines späten Spätsommernachmittags ist es dann soweit. Als wir nach kurviger Fahrt kurz vor der Kuppe des letzten Hügels an einer Hütte inmitten von Schafherden und Pferden fragen, wie denn wohl die Linsenfelder zu finden seien, werden wir ein bisschen ausgelacht. Zwei Minuten Fahrt später öffnet sich vor uns ein weites Tal inmitten sanft gerundeter grüner Berge, die aussehen, als hätte man sie mit einem etwas zu groß geratenen grünen Kurzhaarfell bezogen, und jetzt wirft es Falten. Wie mit einem groben Pinsel mit wenig Farbe hingetuscht liegen bunte Felder auf der Ebene und fallen von den Hängen des Pian Grande und des Pian Perduto. Weiß, gelb, violett und blau. Die

le lenticchie [len'tikkie] *pl*

Abendsonne versteht was von Inszenierung und lässt alles, was da ist, Gräser, Mohnblumen, Kornblumen, Affodillen, Ranunkeln, Veilchen, Klee, Narzissen, Pferde, Rinder, Ackergerät, die wenigen Menschen, die in dem verzauberten Tal lustwandeln und die Linsen, lange Schatten werfen. Die Linsen blühen so gelb, der Mohn blüht so rot, die Kornblumen so dermaßen kornblumenblau, als seien die Blütenblätter von innen beleuchtet. Wir sagen nichts, außer so dumme Sachen wie *„Mein Gott, ist das schön! Unfassbar!“* oder ganz besonders dumme Sachen wie *„Das ist doch nicht Italien!“ „Tibet!“* haben weiter Gereiste als Vergleichsgröße im Angebot. *„Überirdisch!“* die noch weiter Gereisten.

Wir hatten ja die Befürchtung, dass wir Ende Juni zu spät dran sein würden, um das Naturwunder zu bestaunen, haben aber gelernt, dass der absolute Höhepunkt des Blütenspektakels der Höhe wegen erst kurz bevorsteht. In wenigen Tagen wird alles blühen, was blühen kann, und die Pinselstriche, mit denen die Farben der Felder auf die Flanken der Berge gepinselt sind, werden nicht mehr transparent, sonder satt und pastos sein. Auf Italienisch heißt diese Pracht *la fioritura* und sie wird auf verschiedenste Weise gefeiert. Mit stillen Spaziergängen, mit romantischen Picknicks, manche schreiben Gedichte und der Bürgermeister von Norcia lädt schon mal zu Ehren der kleinen Blümchen die große Filarmonica di Roma zu einem Open Air inmitten der Linsen ein. Die Farbenvielfalt entsteht, weil ein Linsenfeld sich nach jedem Jahr Arbeit ein Jahr lang ausruhen und was ganz anderes blühen lassen darf.

Die Linsen werden übrigens praktischerweise gleich neben ihren Beilagen groß. Norcia ist bekannt für sein erstklassiges Schweinefleisch und all die Herrlichkeiten, die man daraus machen kann, und im Winter dreht die ganze Region durch wegen ihrer ebenfalls berühmten schwarzen Trüffel.

Allerdings sind wir nach stundenlanger, enthusiastischer Feldforschung so klug als wie zuvor. Unser Bild von Italien braucht zwar wieder mal einen größeren Rahmen, aber wie die kleine Linse wächst, wissen wir nicht, denn man kann es ja noch gar nicht sehen. Als der Kühnste der Teilnehmer die These aufstellt, es handele sich bei dem, was hier gelb blüht, gar nicht um Linsen, sondern um ordinären Raps, stürzt die Autorin in eine kurze Krise, doch der Anblick eines Feldes aus Mohn und Margeriten stimmt sie wieder heiter.

Wenn man Zeit hat, braucht man zum Glück nicht alles, was man nicht weiß, bei Google nachzuschauen. Eine zweite Feldforschung zu dem mit Castelluccio-Linsen angesäten Feld bei Foligno, das seine *fioritura* der niedrigen Lage wegen bereits hinter sich hat und schon Fruchtstände besitzt, ergibt Folgendes: Linsen wohnen in Verbänden von ein bis drei Exemplaren in einem papierdünnen, trockenen Schötchen. Wüsste man es nicht besser, würde man die kniehohe Pflanze für verdorrtes Unkraut halten, das sicher brennt wie Zunder. Aber wir wissen es besser. Als wir im November wiederkommen, steht die Ernte in der Vorratskammer: Es sind zwei stramme Säcke voll.

Wenn es sich bei dem Linsengericht, für das der biblische Jakob sein Erstgeburtsrecht verkauft hat, um eines aus Castelluccio-Linsen gehandelt hat, war das ein gutes Geschäft.

Zu Füßen des Dorfes Castelluccio di Norcia blühen auf der Hochebene in den Sibellinischen Bergen weltberühmte Linsen.

le ricette [riˈtʃɛtte] *pl*

DIE REZEPTE

Jetzt wächst wilder Spargel in den Wiesen.

la primavera [primaˈvɛːra] *f*

DER FRÜHLING

la primavera [prima'vɛ:ra] *f*

DER FRÜHLING

Die Blätter an Büschen und Hecken tragen zwar vorsichtshalber noch wolligen Flaum, doch grellpink blühende Bäume, die ersten nackten Beine und die unzähligen, euphorischen Grüntöne, in denen Wiesen und Weiden an den Berghängen bereits leuchten, künden unzweifelhaft davon, dass auf den Lauf der Welt doch noch Verlass ist. Es wird wärmer werden in Umbrien. Maria Luisas Gerichte werden wieder bunter werden. Es wird Artischocken geben, frische *fave* und dazu jungen *pecorino*, Lämmchen, Perlhuhn und Lauch. Hummer sogar! Obwohl der ja gar nicht in Umbrien wächst. Es wird den ersten Sonnenbrand im Mai geben, die ersten Mückenstiche, Minze in der *frittata* und alles Mögliche *„da pasqua"*, denn zu Ostern tafeln die Familien hier viel öfter und viel üppiger und vor allem fröhlicher als an Weihnachten. Doch es geht auch seltsam zu im umbrischen Frühling. Wir fragen uns, wer die vielen gebückten Gestalten sind, die man jetzt überall in den Wiesen sieht, und nach was suchen sie? Alte und junge Menschen, Männer und Frauen. Es wird doch nicht halb Umbrien seine Kontaktlinsen verloren haben! Noch dazu in so unübersichtlichem Gelände. Oder handelt es sich eine unbekannte Art des Pilgerns? An Wallfahrtsorten mangelt es ja nicht in der Gegend. Nein, auch das ist nicht. Alle diese Leute handeln aus umbrischer Verfressenheit und aus Pragmatismus: Jetzt wächst in Wiesen und Auen wilder Spargel. Von niemandem gesät. Einfach so in der Gegend herum! Und seine Saison ist kurz. Der wilde Spargel ist so dünn wie ein etwas dickerer Strohhalm und recht dunkelgrün, weshalb man schon genauer hinschauen muss, um ihn im hohen Gras zu finden. Für Menschen, die sich nicht gern selbst bücken, sind die zahlreichen kleinen, auch wilden Verkaufsstände an den Straßen eine gute Alternative. Geschmacklich zeigt der wilde Spargel erwartungsgemäß mehr Ähnlichkeit mit dem grünen, den man auch bei uns kaufen kann. Er schmeckt noch nussiger und intensiver.

Außerdem jetzt im Angebot: *strigoli*. Hierzulande ist es eher als hübsche, winterharte Staude mit zarten Blüten bekannt und gegessen wird es – wohl aus reiner Unkenntnis – nicht. Dabei schmecken die jungen Blättchen in jeder Darreichungsform. Roh als Salat, gedünstet, in Suppen oder *risotto*, in Nudelgerichten und im Ei. Im Restaurant finden Sie so etwas Gutes natürlich nicht, es sei denn es ist Maria Luisas. Für sie ist eine *frittata* mit *strigoli* eine größere Delikatesse als eine mit Trüffel, sagt sie, und sie wird alles daran setzen, Sie davon zu überzeugen. Geschmacklich könnte *strigoli* ein Cousin des Sauerampfers sein, und den finden sie ja auch bei uns, wenn Sie Lust aufs Nachkochen haben.

Luisas Frühlingsküche ist eine Kräuterorgie, bunt und fröhlich wie ein Osterei, und weil Ostern ein Familienfest ist, gibt es natürlich viele Gerichte, die man auch für ganze Ostersonntags-Sippschaften mühelos zubereiten kann. Als erzieherische Maßnahme sei Ihnen von Luisa mit auf den Weg gegeben: Wer Osterlamm will, soll auch die Innereien nicht verschmähen. Natürlich lässt Luisa Sie nicht ohne ein wunderbares Rezept dafür ziehen.

In einer kalten Vollmondnacht Mitte April wird der Garten umgegraben. Die fahle Sonne geht auf. Es tut gut zu wissen, dass sie es endlich wieder schaffen wird, höher als die hohen Zypressen zu steigen. Die braune Erde dampft und es sieht aus, als sei sie zu allem bereit. Noch kann man sich allerdings nur schwer vorstellen, dass hier die herrlichste Frischgemüse-Abteilung des nördlichen Umbrien wächst. Für April ist es ungewöhnlich kühl.

Am Ende des Ackers steht Maria Luisas Vater Angelo Scolastra an diesem frischen Morgen wie ein Feldherr nach gewonnener Schlacht. Sein Blick schweift über die aufgewühlte Erde, er zieht an seiner unvermeidlichen Zigarre und so wie die Erde dampft auch er.

Maria Luisas Hühner sehen Ostern mit einer gewissen Skepsis entgegen.

Einst führten Maria Luisas Hühner ein freilaufendes Dasein im Garten. Doch die Qualität von Fleisch und Eiern hatte sich bald auch unter den Füchsen herumgesprochen.

uova con strigoli, crostino al guanciale e erba cipollina

RÜHREI MIT LEIMKRAUT, GETOASTETEM BROT, SCHWEINEBACKE UND SCHNITTLAUCH

ZUTATEN FÜR 4 PORTIONEN

100 g Porree
6–8 EL Olivenöl
30 g Schnittlauch
12 g junger Knoblauch
80 g Schweinebacke am Stück
2 Stiele frische Minze
400 g Leimkraut
Salz und Pfeffer
8 Eier
50 g Parmesan, gerieben
10 g Petersilie, fein gehackt
1 EL Milch
Brot

Weinempfehlung

Sangiovese di Romagna Superiore Avi riserva, San Patrignano, Emilia-Romagna

Porree waschen, putzen, in feine Ringe schneiden und 1 Minute in kochendem Salzwasser garen und gut abtropfen lassen.
4 EL Olivenöl in einer beschichteten Pfanne erhitzen.
Schnittlauch, bis auf einige Halme, in Röllchen schneiden.
Knoblauch, Porree, 40 g Schweinebacke, Schnittröllchen und 1 Minzestiel darin andünsten. Leimkraut zugeben und ca. 8 Minuten andünsten, salzen und pfeffern.
Eier verquirlen, mit Parmesan, Petersilie und Milch gut verrühren, salzen und pfeffern.
Die Eimasse in die Pfanne zur Leimkrautmischung geben und stocken lassen. Dabei gelegentlich mit einem Holzlöffel rühren; das Rührei soll weich bleiben.
Übrige Schweinebacke in dünne Scheiben schneiden. Das Brot toasten und mit je 1 Scheibe Backenspeck belegen.
Das Rührei auf Tellern mit Brot anrichten, mit übrigem Olivenöl beträufeln und mit übrigen Schnittlauchhalmen sowie übriger Minze garnieren.

Maria Luisa sagt:
*„Leimkraut ist ein auf Wiesen und Feldern wildwachsendes Kraut.
Jungen Knoblauch gibt es nur im Frühling; dann auch den grünen Teil verwenden.“*

tagliatelle agli asparagi di bosco, guanciale e uovo sodo con olio fruttato al profumo di timo

TAGLIATELLE MIT WILDSPARGEL UND GEKOCHTEM EI

ZUTATEN FÜR 4 PORTIONEN

300 g Wildspargel
80 g Zwiebeln
1 junge Knoblauchzehe
120 g Schweinebacke
1 Zweig Thymian
3 EL Olivenöl
120 ml Gemüsebrühe
Salz und Pfeffer
4 EL milder Pecorino, gerieben
3 EL Parmesan, gerieben
1 TL Butter, weich
2 Eier
1 rote Zwiebel
1 Zweig Rosmarin
500 g frische Tagliatelle (Zutaten unten)
2 EL Sahne

Pastateig für Tagliatelle

500 g Mehl (Type 0)
5 Eigelb und 1 ganzes Ei

Weinempfehlung

Villa Antinori rosso,
Antinori, Toskana

Wildspargel waschen, holzige Enden abschneiden und zu einem Bündel zusammenbinden. In kochendem Wasser 2 Minuten garen. Abschrecken, gut abtropfen lassen und die Stangen quer halbieren.
Zwiebeln und Knoblauch schälen und klein hacken. 60 g Schweinebacke klein würfeln. Thymianblättchen klein hacken. Alles bei niedriger Hitze in 2 EL Olivenöl in einer Pfanne anbraten. Spargel zugeben und kurz mitbraten, 100 ml Gemüsebrühe zugießen, salzen und pfeffern und den Spargel al dente garen. Inzwischen mithilfe eines Holzlöffels 2 EL Pecorino, 1 EL Parmesan, übrige Gemüsebrühe und 1 EL Olivenöl mit der weichen Butter vermischen.
Die Eier in 5 Minuten weich kochen, abschrecken und pellen. 60 g Schweinebacke in Scheiben schneiden. Rote Zwiebel schälen und in schmale Streifen schneiden. Beides mit Rosmarin kurz im heißen Ofen andünsten.
Tagliatelle ***(Zubereitung unten)*** in kochendem Salzwasser al dente garen, abgießen und mit dem Spargel mischen.
2 EL Parmesan, 2 EL Pecorino sowie Sahne unter die Käsemischung heben und unter die Pasta mischen.
Tagliatelle mit Schweinebackenscheiben anrichten. Je 1 Eihälfte daraufsetzen. Nach Belieben mit Olivenöl beträufeln und mit frisch gemahlenem Pfeffer übermahlen.

Pastateig

Für den Pastateig die Zutaten kräftig zu einem Teig verkneten, mit einem feuchten Küchentuch zugedeckt 30 Minuten ruhen lassen. Den Teig dünn ausrollen und mit einem scharfen Messer Nudeln schneiden. Die Nudeln auf einem bemehlten Küchentuch auslegen und bis zum Kochen etwas antrocknen lassen.

flan di spinaci con ventaglio di patate croccanti

SPINAT-SOUFFLÉ MIT GEBACKENEN KARTOFFELSCHEIBEN UND SPINATSAUCE

ZUTATEN FÜR 4 PORTIONEN

800 g Spinat
40 g junger Knoblauch
7 EL Olivenöl
120 g Porree
50 g Staudensellerie
1 dünne Scheibe Speckschwarte
150 ml Gemüsebrühe
1 Sardellenfilet (20 g)
4 Eiweiß
200 g Sahne
100 g Parmesan, gerieben
12 Eigelb
100 g gegarte braune Linsen
je 1 Zweig Salbei und Rosmarin
Salz und Pfeffer

Spinatsauce mit frischem Oregano

200 g Spinat
1 Zweig Oregano
50 g Schalotten
15 g junger Knoblauch
4 EL Olivenöl
1 mittelgroße Kartoffel, gekocht
50 g Butter
200 ml Gemüsebrühe
80 g Parmesan, gerieben

Gebackene Kartoffelscheiben

4 Kartoffeln
50 g Parmesan, gerieben
4 EL Brotbrösel
2 Zweige Thymian
4 EL Olivenöl
Salz und Pfeffer

Weinempfehlung

Colli Martani Grechetto, Adanti, Umbrien

Spinat putzen, waschen und etwas abtropfen lassen. Mit 20 g Knoblauch in 2 EL Olivenöl andünsten. In ein Sieb geben und die Flüssigkeit gut aus dem Spinat ausdrücken.
Porree und Staudensellerie waschen, putzen und fein schneiden. 20 g Knoblauch schälen. Alles mit der Speckschwarte in 3 EL Olivenöl andünsten und 15 Minuten köcheln lassen. Dabei nach und nach die Brühe zugießen und einkochen lassen. Spinat und Sardellenfilet zugeben. Vom Herd nehmen, Speckschwarte entfernen und alles im Mixer pürieren.
Eiweiß steif schlagen. Sahne, Parmesan sowie nach und nach die Eigelbe unter die pürierte Masse ziehen. Zum Schluss mit einem Schneebesen den Eischnee vorsichtig unterheben.
Etwa tassengroße Förmchen fetten und mit Mehl ausstäuben. Soufflémasse gleichmäßig darin verteilen. Im konstant 170° heißen Backofen im Wasserbad 20 Minuten backen.
Linsen in einer Pfanne in 2 EL Olivenöl mit Salbei und Rosmarin andünsten, salzen und pfeffern.
Soufflés mit gebackenen Kartoffelscheiben ***(Zubereitung unten)*** auf Tellern anrichten. Spinatsauce ***(Zubereitung unten)*** darauftraufeln und mit Linsen garnieren.

Spinatsauce mit frischem Oregano

Spinat putzen, waschen und gut abtropfen lassen. Oreganoblättchen vom Zweig zupfen. Schalotten und Knoblauch schälen und fein hacken. Mit Oregano und Spinat im heißen Olivenöl andünsten. Kartoffel und Butter zugeben, Gemüsebrühe zugießen und aufkochen. Parmesan zugeben, fein pürieren und durch ein Sieb streichen.

Gebackene Kartoffelscheiben

Kartoffeln schälen und in 1,5 mm dicke Scheiben schneiden. Einige Minuten in kochendem Salzwasser garen. Auf Küchenpapier abtropfen lassen und auf ein mit Backpapier belegtes Backblech legen. Mit Parmesan, Bröseln und Thymian bestreuen, mit Olivenöl beträufeln, salzen und pfeffern. Im 180° heißen Ofen ca. 10 Minuten backen.

risotto avvolto nella foglia di bieta con ragù bianco di coniglio al finocchietto, lenticchie, pomodorini e timo limonato

MANGOLD-RISOTTO-PÄCKCHEN MIT KANINCHENRAGOUT

ZUTATEN FÜR 4 PORTIONEN

500 g Kaninchenfleisch
40 g Lardo (ital. Speck)
2 Zweige wildes Fenchelkraut
Salz und Pfeffer
ca. 16 EL Olivenöl
2 Zweige Rosmarin
1 Zweig Salbei
20 g schwarze Pfefferkörner
150 ml Weißwein
1,4 l Gemüsebrühe
100 g braune Linsen (z. B. Castelluccio)
90 g Zwiebeln
120 g Staudensellerie
2 Zweige Zitronenthymian
60 g Schweinebacke
400 g Risottoreis
50 g Butter
100 g Parmesan, gerieben
8 große Mangoldblätter
150 g Datteltomaten
1 Zweig Oregano

Weinempfehlung
Sangiovese Selezione del Fondatore, Castello delle Regine, Umbrien

Kaninchenfleisch mit Lardo und wildem Fenchel spicken, salzen und pfeffern.
Fleisch mit 6 EL Olivenöl, 1 Rosmarinzweig, Salbei und Pfefferkörnern in einen Bräter geben. Im 180° heißen Backofen insgesamt 40 Minuten braten. Nach 20 Minuten mit Weißwein ablöschen, 400 ml Gemüsebrühe zugießen und fertig schmoren. Anschließend das Fleisch vom Knochen lösen und in kleine Würfel schneiden. Bratensaft durch ein Sieb gießen, dabei auffangen und beiseitestellen.
Inzwischen die Linsen nach Packungsanweisung bissfest garen. Vom Kochwasser ca. 100 ml auffangen und beiseitestellen. Zwiebeln schälen und klein hacken. Staudensellerie putzen, waschen und fein schneiden.
1 l Brühe erhitzen. 4 EL Olivenöl in einer Pfanne erhitzen. Zwiebeln, Staudensellerie, je 1 Rosmarin- und Zitronenthymian-Zweig, die Hälfte der gekochten Linsen und die Schweinebacke andünsten, mit dem Linsenkochwasser ablöschen. Reis zugeben und glasig andünsten. Nach und nach immer nur so viel heiße Brühe zugießen, dass der Reis gerade bedeckt ist. Mit einem Kochlöffel gelegentlich rühren. Der Reis ist fertig, wenn er bissfest gegart ist. Zum Schluss Butter, Parmesan, Kaninchenfleisch und 4 EL Bratensaft untermischen.
Mangoldblätter blanchieren. 4 Mangoldblätter in wenig heißem Olivenöl warm halten. Die übrigen Blätter in Streifen schneiden. Datteltomaten waschen und klein würfeln. In einer Pfanne 4 EL Olivenöl erhitzen. Mangoldstreifen, Tomatenwürfel, 1 Oreganozweig und die übrigen Linsen darin kurz andünsten. Den Reis in die warmen Mangoldblätter wickeln.
Etwas Bratensaft auf die Teller geben. Mangoldpäckchen darauflegen. Mit der Linsen-Tomaten-Mischung und dem übrigen Zitronenthymian anrichten. Nach Belieben mit Olivenöl beträufeln.

astice al rosmarino con scafata e cipolline in agrodolce

HUMMER MIT DICKEN BOHNEN UND SÜSS-SAUREN ZWIEBELN

ZUTATEN FÜR 4 PORTIONEN

1 Möhre
2 Zwiebeln
100 g Staudensellerie
2 Champignons
2 Tomaten
3 Knoblauchzehen
15 g schwarze Pfefferkörner
4 Nelken
8 EL Olivenöl
2 Lorbeerblätter
Schale von je 1 Zitrone und Orange
Salz
2 Hummer (1 kg)
1 Zweig Thymian, 2 Zweige Rosmarin

Dicke-Bohnen-Gemüse

200 g Dicke-Bohnen-Kerne
1 Knoblauchzehe
200 g rote Zwiebeln (z. B. Tropea)
6 EL Olivenöl
80 g Schweinebacke am Stück
1 Stiel Minze
1 Zweig Thymian
Salz und Pfeffer
Gemüsebrühe
80 g Tomaten
1 Kartoffel, gekocht

Süß-saure Zwiebeln

800 g große weiße Zwiebeln
8 EL Olivenöl
70 g Rohrzucker
4 EL Aceto balsamico
Salz und Pfeffer
1 Zweig Rosmarin

Weinempfehlung

Orvieto Classico Superiore, Degugnano Barbi, Umbrien

Möhre, Zwiebeln, Staudensellerie, 2 Champignons, Tomaten schälen, putzen bzw. waschen und in Stücke schneiden. 2 Knoblauchzehen schälen, mit Pfefferkörnern, Nelken, 4 EL Olivenöl, Lorbeer, Zitronen- und Orangenschale sowie etwas Salz in 2 l Wasser 10 Minuten kochen.
Die Hummer zugeben und 8 Minuten kochen. Herausnehmen und 5 Minuten in Eiswasser legen. Hummer aus der Schale lösen. Dafür die Scheren vom Panzer lösen. Den Hummer der Länge nach halbieren und das Fleisch am Stück herauslösen. Zunächst die kleinen Scheren des Hummers abbrechen, danach die großen am Gelenk abdrehen. Schalen mit einer Hummerzange oder einem Hammer vorsichtig aufschlagen und das Fleisch herauslösen.
1 Knoblauchzehe schälen. 4 EL Olivenöl in einer Pfanne erhitzen. Hummer mit Thymian, Rosmarin und den Knoblauch bei starker Hitze anbraten.
Hummer mit Bohnen ***(Zubereitung unten)*** und Zwiebelspalten ***(Zubereitung unten)*** auf Tellern anrichten. Nach Belieben mit Olivenöl beträufeln.

Dicke-Bohnen-Gemüse

Bohnenkerne in kochendem Salzwasser garen und die Haut entfernen. Knoblauch und Zwiebeln schälen und fein hacken. Öl in einer beschichteten Pfanne erhitzen. Zwiebeln, Knoblauch und Schweinebacke bei kleiner Hitze darin andünsten. Bohnen, Minze und Thymian zugeben, kurz andünsten, salzen und pfeffern. Alles gut vermischen, mit etwas Gemüsebrühe ablöschen und fertig kochen. Tomaten waschen. Mit der Kartoffel würfeln und zugeben. Salzen und pfeffern.

Süß-saure Zwiebeln

Die Zwiebeln schälen und in Spalten schneiden. Mit Olivenöl, Rohrzucker und Essig mischen, salzen und pfeffern.
Zwiebeln auf ein mit Backpapier belegtes Backblech legen und im 160° heißen Ofen 30 Minuten garen.

Wenige Minuten zuvor war der Hummer noch ganz blau. Jetzt errötet er angesichts seiner bevorstehenden Heirat mit einem sehr jungen Gemüse.

Oh, fave! Das doppelt verpackte, junge Dicke Böhnchen (erst die Schote, dann die dicke Haut) ist die viele Enthülserei sowas von wert und hat eine viel zu kurze Saison.

cannoli di pasta fresca, piselli verdoni, ricotta con bocconcini di chianina dorati

SELBST GEMACHTE CANNOLI MIT ERBSEN UND FRITTIERTEM RINDFLEISCH

ZUTATEN FÜR 4 PORTIONEN

350 g Erbsen (netto)
1 junge Knoblauchknollen
1 Zwiebel
70 g Schweinebacke am Stück
24 EL Olivenöl
Salz und Pfeffer
1 Schalotte
200 g Schafsmilch-Ricotta
2 Eigelb
150 g Parmesan, gerieben
100 g Büffelmozzarella, grob geraspelt
1 Zweig Thymian
geriebene Muskatnuss
500 g Pastateig (Rezept S. 170)
2 Zweige Salbei
alter Balsamico (oder Etruskische Sauce)

Frittiertes Rindfleisch

2 EL Olivenöl
2–3 Tropfen Zitronensaft
1 Bund gemischte Kräuter
(z. B. Rosmarin, Salbei, Thymian und Estragon)
Pfeffer
200 g Rindfleisch (z. B. Chianina)
1 Eigelb
50 ml Mineralwasser (kohlensäurehaltig)
80 ml helles Bier
150 g Mehl (Type 0)
Salz
1 l Erdnussöl zum Frittieren
1 EL Schweineschmalz
1 Flaschenkorken

Weinempfehlung

Montefalco Rosso,
Colpetrone Montefalco, Umbrien

Erbsen in 800 ml leicht gesalzenem Wasser zum Kochen bringen. Erbsen mit Knoblauch (bis auf 1 Zehe), geschälter Zwiebel, 40 g Schweinebacke und 6 EL Olivenöl kochen, salzen und pfeffern. Gut abtropfen lassen. Knoblauchzehe und Schalotte schälen und fein hacken. 30 g Schweinebacke klein würfeln. 6 EL Olivenöl in einer Pfanne erhitzen. Knoblauch, Schalotte und Schweinebacke darin andünsten. Erbsen untermischen.
Den Ricotta durch ein Sieb streichen. Mit einem Holzlöffel vorsichtig 1 EL Olivenöl untermischen. Eigelbe, 100 g Parmesan und Mozzarella, 4 EL Olivenöl, Thymianblättchen und die Hälfte der vorbereiteten Erbsen untermischen, mit Muskat würzen. Pastateig ***(Zubereitung S. 170)*** dünn ausrollen und Quadrate für die Cannoli ausschneiden. In leicht gesalzenem Wasser al dente kochen, herausnehmen und auf einem Küchentuch trocknen lassen. Auf jedes Quadrat etwas Parmesan und 1 EL Ricotta-Erbsen-Masse geben und ganz wenig Olivenöl darauftäufeln. Teig aufrollen. Eine gefettete Backform mit den Salbeiblättern auslegen. Cannoli daraufsetzen, mit dem übrigen Parmesan bestreuen und mit restlichem Olivenöl beträufeln. Im 180° heißen Backofen 15 Minuten überbacken. Cannoli halbieren, mit den frittierten Fleischstückchen ***(Zubereitung unten)*** und übrigen Erbsen anrichten. Nach Belieben alten, gereiften Balsamico oder Etruskische Sauce darüberträufeln.

Frittiertes Rindfleisch

Aus Olivenöl, Zitronensaft, den gemischten Kräuterblättchen und Pfeffer eine Marinade rühren. Rindfleisch in 1 cm große Stücke schneiden und in der Marinade 1 Stunde ziehen lassen. Für den Frittierteig Eigelb mit kaltem Mineralwasser und kaltem Bier verschlagen. Mehl dazusieben, salzen und pfeffern und zu einem Teig verrühren. Inzwischen Erdnussöl mit Schweineschmalz und dem Korkzapfen in einer Eisenpfanne auf 120° erhitzen. Fleischstücke im Teig wenden und im heißen Öl frittieren. Sobald der Teig eine goldgelbe Farbe annimmt, herausnehmen und auf Küchenpapier abtropfen lassen. Salzen.

Maria Luisa sagt:
„Einfach einen Flaschenkorken mitfrittieren. Das bindet schlechte Gerüche.“

suprema di faraona con asparagi di bosco, salsa di asparagi bianchi al profumo di santoreggia e carote tornite

PERLHUHNBRUST MIT WILDSPARGEL UND SPARGELSAUCE

ZUTATEN FÜR 4 PORTIONEN

2 Zweige Bohnenkraut
90 ml Traubenmost-Essig
2 Perlhuhnbrüste (600 g)
70 g Lardo (ital. Speck)
1 Knoblauchzehe
5 EL Olivenöl
1 Zweig Rosmarin
1 Zweig Salbei
1 Zweig wildes Fenchelkraut
100 ml Gemüsebrühe
300 g Möhren
Salz und Pfeffer

Weiße Spargelsauce

100 g Zwiebeln oder Schalotten
50 g junger Knoblauch
50 g Staudensellerie
6 EL Olivenöl
1 Stück Speckschwarte
400 ml Gemüsebrühe
300 g weißer Spargel
Salz
100 g Turrini-Pilze oder Champignons
1 Zweig Thymian
Pfeffer
1 mittelgroße Kartoffel, gekocht
100 g Sahne
40 g Parmesan, gerieben
15 g Petersilie, gehackt

Weinempfehlung

Sangiorgio, Lungarotti, Umbrien

1 Zweig Bohnenkraut für 24 Stunden in Essig einlegen. Auf der Hautseite der Perlhuhnbrüste mit einem spitzen Messer kleine Schnitte einritzen. Brüste mit Lardo und 1 Zweig Bohnenkraut spicken. Knoblauch schälen. In einer beschichteten Pfanne 4 EL Olivenöl mit Knoblauch, Rosmarin, Salbei und Fenchel erwärmen. Perlhuhnbrüste darin auf der Hautseite knusprig anbraten. Mit dem Bohnenkraut-Essig ablöschen, Gemüsebrühe zugießen und ca. 10 Minuten köcheln lassen. Fleisch aus der Pfanne nehmen und 5 Minuten im 220° heißen Ofen knusprig garen. Inzwischen die Möhren schälen und in gleich große runde oder ovale Stücke schneiden, auch tournieren genannt. In kochendem Salzwasser 10 Minuten garen. Abgießen, abtropfen lassen und mit 1 EL Olivenöl mischen, salzen und pfeffern. Perlhuhnbrust in Scheiben aufschneiden. Die Spargelsauce ***(Zubereitung unten)*** auf Teller verteilen. Perlhuhnbrust mit Möhren anrichten. Dazu passen hauchdünne, leicht geröstete Brotscheiben. Nach Belieben mit blanchierten und in Olivenöl gebratenen Blumenkohlröschen, Wildspargel- und Spargelspitzen servieren.

Weiße Spargelsauce

Zwiebeln oder Schalotten und Knoblauch schälen; 1 Knoblauchzehe beiseitelegen. Staudensellerie putzen, alles klein schneiden. Mit 2 EL Olivenöl, Speckschwarte und Gemüsebrühe 15 Minuten bei kleiner Hitze kochen. Den Spargel waschen, schälen und die holzigen Enden abschneiden. Spargel in leicht gesalzenem Wasser in 5 Minuten bissfest garen, abtropfen lassen. Die Pilze putzen. 3 EL Olivenöl in einer Pfanne erhitzen. Pilze, Spargel, Thymian und den beiseitegelegten Knoblauch darin andünsten, salzen und pfeffern. Mischung mit der klein geschnittenen Kartoffel zur Brühe geben und alles im Mixer pürieren. Sahne und Parmesan vorsichtig unterrühren. Die Sauce soll luftig sein und darf keine Klumpen enthalten. Zum Schluss 1 EL Olivenöl und Petersilie unterrühren.

pizza con fiori di zucca, rondelle di zucchine alla menta e pomodorini dell'orto

PIZZA MIT ZUCCHINIBLÜTEN, ZUCCHINI, MINZE UND KIRSCHTOMATEN

ZUTATEN FÜR 4 PORTIONEN

500 g Mehl (Type 0)
Salz
schwarzer Pfeffer
1 TL Zucker
15 g frische Hefe
1 Ei
10 EL Olivenöl
1 EL Schweineschmalz
100 g Mutterhefe (Rezept S. 333)
150 g Zucchini
16 Zucchiniblüten
2 Stiele frische Minze
200 g Kirschtomaten
100 g Büffelmozzarella
1 Zweig frischer Oregano

Weinempfehlung

Bier La Monasta,
San Biagio, Umbrien

Für den Teig Mehl, 15 g Salz und 5 g Pfeffer auf die Arbeitsfläche geben und in der Mitte eine Mulde drücken. Zucker und Hefe in 100 ml lauwarmem Wasser auflösen. Mit Ei, 4 EL Olivenöl, weichem Schweineschmalz und Mutterhefe in die Mulde geben. Alles gut zu einem glatten und homogenen Teig verkneten. Wenn der Teig zu trocken ist, noch etwas lauwarmes Wasser unterkneten.
Den Teig abgedeckt in einer Schüssel ca. 1 Stunde auf das doppelte Volumen aufgehen lassen.
Ein rundes Backblech mit Schweineschmalz fetten.
Den Teig ausrollen, auf das Backblech legen und weitere 30 Minuten gehen lassen.
Den Teig im 180° heißen Backofen ca. 15 Minuten backen.
Inzwischen für den Belag Zucchini waschen und in Scheiben schneiden. Zucchiniblüten zerzupfen. Beides mit 4 EL Olivenöl und Minzeblättchen mischen, salzen und pfeffern. Tomaten waschen und klein würfeln. Mozzarella in kleine Stückchen zerzupfen, mit 2 EL Olivenöl und Oreganoblättchen mischen, salzen und pfeffern.
Pizza aus dem Ofen nehmen, mit den vorbereiteten Zutaten belegen, dabei mit einer Lage Zucchini abschließen. Weitere ca. 15 Minuten bei 180° backen.
Aus dem Ofen nehmen, in Stücke schneiden, nach Belieben mit Olivenöl beträufeln und warm servieren.

Maria Luisa sagt:
„Die Hefe muss mit Zucker im lauwarmen Wasser aufgelöst werden. Der Teig muss so lange geknetet werden, bis er sich als ein Stück von der Arbeitsfläche löst. Für einen mürben, knusprigen Teig ist es wichtig, die Ruhezeit unbedingt einzuhalten."

Maria Luisa kann doch anders: pizza-Teig, Olivenöl, Rosmarin, Ofenhitze, fertig.

coratina di agnello con cipollotti freschi e insalata calda di finocchi

RAGOUT VON LAMM-INNEREIEN MIT WARMEM FENCHELSALAT

ZUTATEN FÜR 4 PORTIONEN

600 ml trockener Weißwein
3 Zweige Rosmarin
2 Zweige Salbei
500 g Innereien vom Lamm
(Herz, Leber, Lunge)
50 g junger Knoblauch
200 g Frühlingszwiebeln
25 g Schweinebacke
9 EL Olivenöl
Salz und Pfeffer
200 ml Gemüsebrühe
2 Fenchel
100 g reife Tomaten
Petersilie

Weinempfehlung
Greghetto, Cantina dei Colli Amerini, Umbrien

Aus 500 ml Weißwein, je 1 Rosmarin- und Salbeizweig eine Marinade mischen. Die Innereien gut waschen. Herz, Leber und Lunge voneinander trennen. Innereien in 3 cm lange und 2 mm dicke Scheiben schneiden. Die Innereien mindestens 2 Stunden in der Marinade ziehen lassen, abgießen und 1 Stunde unter fließendem Wasser abspülen.
Knoblauch schälen und 1 Zehe beiseitelegen. Frühlingszwiebeln putzen, mit dem Knoblauch fein schneiden. Mit Schweinebacke, 1 Salbei- und 2 Rosmarinzweigen in 5 EL Olivenöl bei kleiner Hitze andünsten, bis die Frühlingszwiebeln weich sind. Innereien zugeben und bei starker Hitze braten. Mit 100 ml Wein ablöschen, salzen und pfeffern, Gemüsebrühe zugießen und aufkochen.
Fenchel putzen, waschen und in dünne Streifen schneiden. Tomaten waschen und fein hacken. 4 EL Olivenöl in einer Pfanne erhitzen, Fenchel, Tomaten und beiseitegelegten Knoblauch darin dünsten, salzen und pfeffern. Etwas Petersilie fein hacken und unterrühren.
Fenchel vorsichtig unter das Ragout mischen und sofort servieren.

Maria Luisa sagt:
„Die Innereien können schon am Vortag vorbereitet und eingelegt werden. Kaufen Sie Innereien nur beim Metzger Ihres Vertrauens!“

fiore di zucca gratinato farcito con brustenga di patate e filetto di maiale con melanzane al profumo di timo serpillo e finocchietto selvatico

SCHWEINEFILET MIT AUBERGINEN UND GEFÜLLTER ZUCCHINIBLÜTE

ZUTATEN FÜR 4 PORTIONEN

500 g Schweinefilet
30 Speck
2 Zweige wildes Fenchelkraut (oder Dill)
70 g Schweinenetz
20 g schwarze Pfefferkörner
1 Lorbeerblatt
je 2 Zweige Rosmarin und Salbei
50 ml Rotweinessig
200 ml Olivenöl
1 Knoblauchzehe
80 ml Sauternes oder Vinsanto
1 TL Speisestärke
1 lange violette Aubergine
2 Zweige wilder Thymian
Salz und Pfeffer

Gefüllte Zucchiniblüten

300 g Kartoffeln
40 g Butter
1 Zweig wilder Thymian
15 g Petersilie
½ Knoblauchzehe
2 EL Olivenöl
60 g Parmesan, gerieben
2 Eier
Salz und Pfeffer
geriebene Muskatnuss
4 Zucchiniblüten
50 g milder Pecorino, gerieben

Weinempfehlung

Vitiano, Cantina Falesco, Umbrien

Schweinefilet einschneiden und mit Speckstückchen und dem Grün von 1 Fenchelzweig spicken. Schweinenetz wässern. Filet in das Schweinenetz einwickeln. Aus Pfefferkörnern, Lorbeer, je 1 Rosmarin- und Salbeizweig sowie Essig eine Marinade rühren und das Filet darin 1 Stunde ziehen lassen. Anschließend mit 150 ml Olivenöl, je 1 Rosmarin- und Salbeizweig und geschälter Knoblauchzehe in eine Auflaufform legen. Im 200° heißen Backofen 10 Minuten garen. Sauternes oder Vinsanto zugießen und weitere 5 Minuten garen. Fleisch aus dem Ofen nehmen, in Alufolie gewickelt ruhen lassen. Speisestärke mit 80 ml kaltem Wasser mischen. In den Bratensatz rühren und für 2–3 Minuten zu einer Sauce einkochen. Aubergine putzen, waschen und in hauchdünne Scheiben schneiden. In 50 ml Olivenöl mit dem Thymian einige Minuten anbraten. Salzen und pfeffern. Die Auberginenscheiben sollen al dente bleiben. Schweinefilet schräg in 4 Stücke aufschneiden. Zucchiniblüten ***(Zubereitung unten)*** mit Schweinefilet und Auberginescheiben auf Tellern anrichten und mit übrigem Fenchelkraut und nach Belieben mit Thymian garnieren.

Gefüllte Zucchiniblüten

Kartoffeln putzen, waschen und in kochendem Wasser in 20 Minuten garen, abgießen, ausdämpfen lassen und noch warm pellen. Mit Butter durch die Kartoffelpresse in eine Schüssel drücken. Die Kartoffelmasse auf eine Arbeitsfläche legen, in die Mitte eine Mulde drücken. Thymian- und Petersilienblätter fein hacken. Knoblauch schälen, durchpressen und mit Thymian, Petersilie, Olivenöl, Parmesan und Eiern in die Mulde geben. Mit Salz, Pfeffer und Muskat abschmecken und zu einer homogenen Masse mischen. Zucchiniblüten innen und außen vorsichtig putzen. Die Blüten öffnen und mit der Kartoffelmasse füllen. Eine Form mit Backpapier auslegen, die Zucchiniblüten hineinlegen und mit Pecorino bestreut im 170° heißen Ofen 15 Minuten garen. Nach Belieben mit Olivenöl beträufeln und warm servieren.

lasagne allo zafferano, carciofi cimaroli, pomodorini, mentuccia e carrè di agnello al serpillo

LAMMKARREE MIT OFFENER ARTISCHOCKEN-SAFRAN-LASAGNE

Den Pastateig ***(Rezept S. 170)*** nach dem Rezept mit Safran zubereiten und dünn ausrollen. Rechtecke à 7 x 5 cm ausschneiden.

Lammkarree putzen, das überschüssige Fett mit einem kleinen, scharfen Messer entfernen. Mit einem spitzen Messer auf der ganzen Länge das Fleischstück tief einschneiden. Fleisch mit Lardo spicken, salzen, pfeffern und mit Küchengarn zusammenbinden, damit es während des Garens seine Form behält.

-ammkarree mit 150 ml Olivenöl und Fenchelkraut auf ein 3ackblech legen. Im 200° heißen Backofen 15 Minuten oraten. Wein zugießen, Ofentemperatur auf 180° reduzieren, 3emüsebrühe zugießen und weitere 25 Minuten braten. nschließend das Karree bei offener Ofentüre 10 Minuten uhen lassen. Lammkarree in 4 Stücke schneiden. Ist der ratensaft zu dünnflüssig, kann er mithilfe von Speisestärke ebunden werden.

ızwischen die Artischocken putzen ***(Maria Luisa sagt)*** nd in nicht zu kleine Stücke schneiden. Artischocken in)0 ml Olivenöl mit Knoblauch und Minze in 5 Minuten al dente ıdünsten. Semmelbrösel, Petersilie, Kirschtomaten und 2 EL ratensaft vom Lammkarree untermischen.

igrechtecke in reichlich kochendem Salzwasser und 1 EL ivenöl al dente kochen.

sagneblätter vorsichtig abgießen und abtropfen lassen.

ıf einem Teller 1 Lasagneblatt diagonal zur Hälfte mit tischocken füllen und zusammenklappen. Lammkarree neben anrichten. Bratensauce extra dazureichen. Nach lieben mit Olivenöl beträufeln und mit Minzeblättern garnieren.

... Zitrone und 1 EL Mehl zugeben. Die Artischocken hineinlegen, nach 10 Minuten herausnehmen, abtropfen lassen und wie im Rezept beschrieben weiter zubereiten."

Diese junge Artischocke, die zur Familie der Disteln gehört, beweist auf das Schönste, dass Disteln zu den Blumen gehören.

galantina calda di faraona, fagiolini con salsa di ratatouille e raviolo acqua e farina

PERLHUHN-GALANTINE MIT RAVIOLO UND RATATOUILLE-SAUCE

Rezept auf den folgenden Seiten

galantina calda di faraona, fagiolini con salsa di ratatouille e raviolo acqua e farina

PERLHUHN-GALANTINE MIT RAVIOLO UND RATATOUILLE-SAUCE

ZUTATEN FÜR 4 PORTIONEN

100 g Innereien vom Perlhuhn
je 1 Sträußchen Salbei und Rosmarin
13 EL Olivenöl
Salz und Pfeffer
200 g grüne Bohnen
100 g Turrini-Pilze oder Champignons
je 1 Zweig Thymian und Oregano
2 Perlhuhnkeulen (600 g, entbeint)
50 g Schweinebacke in Scheiben
100 ml Rotwein
150 ml Gemüsebrühe
Butter
3 Basilikumblätter

Ravioli

500 g Mehl (Type 0)
Salz
abgeriebene Schale von 1 Bio-Zitrone
5 EL Olivenöl
80 g Parmesan, gerieben
2 Eiweiß
1 Fenchel
70 g Staudensellerie
1 Frühlingszwiebel
10 g junger Knoblauch
1 Stück Speckschwarte
200 ml Gemüsebrühe
Pfeffer
2 weiße Zucchini
70 g Turrini-Pilze oder Champignons
1 Kartoffel
20 g Schnittlauch
1 Zweig Thymian
50 ml Milch

Für die Perlhuhnfüllung die Innereien sehr klein schneiden. Mit je 1 Rosmarin- und Salbeizweig bei kleinster Hitze in 6 EL Olivenöl andünsten, salzen und pfeffern. Inzwischen 80 g Bohnen klein schneiden. Pilze in dünne Scheiben schneiden. Beides mit je 1 Thymian- und Oreganozweig zugeben und einige Minuten weiter dünsten, salzen und pfeffern.
Perlhuhnfleisch mit der Schweinebacke belegen, Füllung aufstreichen und die Bohnen darauflegen. Fleisch von der Schmalseite her aufrollen, mit Küchengarn zusammenbinden. In einer Pfanne in 5 EL Olivenöl mit restlichem Salbei und Rosmarin anbraten, salzen und pfeffern. Mit dem Rotwein ablöschen, nach und nach die Gemüsebrühe zugießen und 20 Minuten köcheln lassen; dabei darauf achten, dass die Haut knusprig wird.
Ravioli ***(Zubereitung unten)*** im kochenden Salzwasser 5 Minuten garen, abgießen und abtropfen lassen. In einer Pfanne etwas Butter schmelzen, Ravioli darin kurz schwenken. Nach Belieben mit Parmesan und Petersilie mischen.
Restliche Bohnen blanchieren. 5 Basilikumblätter fein schneiden. Mit Bohnen in 2 EL heißem Olivenöl andünsten.
Die Ratatouille-Sauce ***(Zubereitung rechts)*** auf Teller verteilen. Perlhuhn-Galantine daraufsetzen und mit Bohnen und Raviolo anrichten.

Ravioli

Für den Teig Mehl auf die Arbeitsfläche sieben. In die Mitte eine Mulde drücken. 8 g Salz, 250 ml lauwarmes Wasser, Zitronenschale, 1 EL Olivenöl, 30 g Parmesan und halb steif geschlagenes Eiweiß hineingeben. Alles zu einem glatten, homogenen Teig verarbeiten und mit einem Küchentuch abgedeckt 20 Minuten an einem kühlen Ort ruhen lassen.
Für die Füllung Fenchel, Staudensellerie, Frühlingszwiebel und Knoblauch putzen bzw. schälen und alles klein schneiden. Speckschwarte klein würfeln. 4 EL Olivenöl in einem Topf erhitzen und die vorbereiteten Zutaten 15 Minuten bei kleiner Hitze andünsten, dabei die Gemüsebrühe nach und nach zugießen, salzen und pfeffern.

Ratatouille

2 rote Zwiebeln (Tropea)
1 Knoblauchzehe
je 1 rote und grüne Paprikaschote
2 weiße Zucchini
1 Aubergine
6 EL Olivenöl
5 Basilikumblätter
1 Zweig Thymian
Salz und Pfeffer
200 g reife Tomaten
evtl. Gemüsebrühe

Weinempfehlung

Agontano, Rosso Conero, Marken

Inzwischen Zucchini und Pilze waschen bzw. putzen und klein würfeln. Kartoffel fein reiben. Schnittlauch in Röllchen schneiden. Mit Thymianblättchen, Milch und 50 g Parmesan in den Topf geben und aufkochen. Grob pürieren, erkalten lassen. Pastateig 2–4 mm dick ausrollen. Die Hälfte der Teigfläche mit Klacksen der Füllung belegen. Eine Teigplatte darauflegen und Ravioli ausstechen. Den Teigrand mithilfe einer Gabel gut andrücken.

Ratatouille

Zwiebeln und Knoblauch schälen und fein schneiden. Paprika waschen, putzen, entkernen. Zucchini und Aubergine waschen, das weiche Innere entfernen und nur das Äußere fein schneiden. Alles im heißen Olivenöl mit Basilikumblättern und Thymian 15 Minuten andünsten, salzen und pfeffern.

Inzwischen Tomaten waschen, klein hacken, zugeben und 5 Minuten weitergaren. Alles in einem Mixer pürieren und durch ein Sieb streichen. Es soll eine feine, nicht zu dickflüssige Sauce ergeben. Nach Bedarf einen Kochlöffel Gemüsebrühe zugießen.

Maria Luisas Küche ist bewusstseinserweiternd: Es bleibt Fleischessern nicht verborgen, dass sie Tiere essen.

i pinoli [pi'nɔ:li] *pl*

DIE PINIENKERNE

Stille Säulenzypressen, ungestüme, rauschende Pappeln, asketische Steineichen, geduldige Oliven. Umbrien ist reich an Bäumen, die jeder, der es kann, sofort malen möchte. Aber kein Baum ist so aufregend wie die hohe Pinie mit ihrer gewitterwolkenartigen Krone, die sensible Betrachter im Angesicht ihrer Schönheit zu unkontrollierten Seufzern veranlasst.

Zu Seufzern veranlasst auch das sanfte, nach Harz duftende Aroma ihrer Samen, die sich in vielen umbrischen Rezepten – süßen wie herzhaften – und auch denen von Luisa finden. Pinienkerne sind eine Delikatesse, und wie das mit Delikatessen zuweilen so ist, haben sie ihren Preis. Doch wenn Sie wüssten, wie viel Mühe einer hat, bis er ein Händchen voll Pinienkerne in den Händchen hält, die er dann beispielsweise in Maria Luisas sanftes Pinienküchlein werfen kann, würden Sie sich nie wieder darüber beklagen.

Pinien sind sehr langsamwachsende Bäume und erst, wenn sie rund 20 Jahre alt sind, lohnt es sich, den rund 30 Meter hohen Stamm hinaufzuklettern und die Zapfen mit Stangen von den Ästen zu schlagen. Auch das Pinienkernchen braucht zum Reifen mehr als eine Saison. Drei Jahre lang wächst es im Inneren des Pinienzapfens heran. Nach der Ernte, die zwischen April und Oktober stattfindet, werden die Zapfen gelagert, bis die Sonne im nächsten Jahr wieder heiß vom umbrischen Himmel brennt. Dann werden sie hinausgeschafft zum Sonnenbaden. Man wartet, bis sich die Zapfen öffnen und dann geht die Arbeit erst richtig los. Erst müssen die Pinienkerne aus den Schuppen der Zapfen gefingert werden, wo sie keineswegs verzehrfertig vorbereitet liegen. Jeder einzelne Kern ist umhüllt von einer steinharten

Schale. Hat man die vorsichtig, d. h. manuell entfernt, muss noch das Häutchen abgezupft werden. Für das teure Händchenvoll Kerne kann man, beispielsweise in den Sommerferien mit der Familie, seine zwei bis drei Kinder zwei bis drei Stunden beschäftigen. Man braucht ungefähr zwei Kilo Zapfen als Ausgangsmaterial und ein kleines Hämmerchen. Für die Qualitätssicherung gilt die Regel: je heller, desto besser die Ware. Die Kerne bewahrt man idealerweise im Kühlschrank oder Gefrierfach auf, denn sie werden ihres hohen Fettgehalts wegen schnell ranzig.

Und auch an dieser Stelle ist wieder mal ein Wort zu falscher Sparsamkeit nicht schlecht platziert: Selbst wenn die Umstände es nicht gestatten, durch den Einsatz von wie oben beschriebener Kinderarbeit das Budget für Pinienkerne im Rahmen zu halten, darf man nicht zu Ware aus China oder Korea greifen, die zu vergleichsweise wohlfeilen Preisen angeboten wird. Diese muss nämlich all jene enttäuschen, die denken, Pinienkern sei Pinienkern. Die ostasiatische Variante ist nicht nur vergleichsweise unaromatisch, sie schmeckt oft tranig und hat darüber hinaus die unangenehme Eigenschaft, bei vielen Menschen zu einer oft wochenlang anhaltenden, bitteren Geschmacksempfindung zu führen. Harmlos, aber scheußlich.

Glücklicherweise kann man die Guten von den Schlechten ganz einfach unterscheiden. Die guten Pinienkerne aus dem Mittelmeerraum und Persien sind länglich und schmal, die traurig-tranigen sind klein und haben, passend zu ihrem Geschmack, die Form von Tränen.

Die Pinie lässt sich mit allem Zeit. Mit dem Wachsen. Mit dem Rauschen. Auch mit der Produktion von Pinienkernen. Drei Jahre müssen Sie rechnen.

crostata di pinoli, crema al caffè al profumo di madera

PINIENKERN-CROSTATA MIT ESPRESSOCREME

ZUTATEN FÜR 8 PORTIONEN

250 g Mehl (Type 00)
120 g Zucker
5 g Vanillezucker
70 g geschälte, gemahlene Mandeln
Salz
1 Ei
Schale von 1 Bio-Zitrone
Schale von 1 Bio-Orange
200 g Butter, weich
4 EL Milch
3 EL Picolit (Dessertwein; oder Kaffeelikör)
100 g Pinienkerne

Espressocreme

10 Eigelb
350 g Zucker
100 g Mehl
½ Vanilleschote
1 l Milch
6 Espressotassen Espresso
Schale von 1 Bio-Orange
250 g Sahne
1 Espressotasse Madeira

Weinempfehlung

Picolit, Prepotto, Friaul

Mehl auf die Arbeitsfläche geben. Mit Zucker, Vanillezucker, Mandeln sowie 1 Prise Salz mischen und in die Mitte eine Mulde drücken. Ei, abgeriebene Zitrusschalen und weiche Butter in die Mulde geben und mischen. Das Mehl nach und nach zu einem Teig unterarbeiten. Milch zufügen, zügig verkneten. Teig zu einer Kugel formen und in ein feuchtes Küchentuch gewickelt im Kühlschrank ca. 1 Std. ruhen lassen.
8 Förmchen (Ø 12 cm, Höhe 6 cm) fetten und mit Mehl ausstäuben. Den Teig 1 cm dick ausrollen. Teigkreise als Boden in die Förmchen legen. Dann mit Teigstreifen zuerst den Rand auskleiden. Anschließend mit weiteren Teigstreifen fortfahren, bis die Förmchen gefüllt sind. Mit Dessertwein bepinseln und mit Pinienkernen bestreuen.
Im 160° heißen Ofen 20 Minuten backen.
Espressocreme ***(Zubereitung unten)*** auf Teller verteilen und eine Crostata daraufsetzen. Nach Belieben mit Espressobohnen garnieren.

Espressocreme

Eigelbe mit Zucker cremig aufschlagen, anschließend das gesiebte Mehl unterheben.
Vanilleschote aufschneiden und das Mark herausschaben. Beides in der Milch aufkochen. Espresso, Orangenschale und Sahne zugeben und 5 Minuten bei kleiner Hitze köcheln lassen. Eigelbmischung zugeben und bei kleiner Hitze 15 Minuten kochen. Vanilleschote und Orangenschale entfernen. Creme abkühlen lassen.
Sahne steif schlagen, mit dem Madeira unter die Creme heben.

Maria Luisa sagt:
„Anstelle der Pinienkerne können Sie auch Mandelstifte verwenden."

zuppa inglese al profumo di menta

ZUPPA INGLESE MIT TORTA DELLA NONNA

ZUTATEN FÜR 8 PORTIONEN

Torta della nonna (Zutaten unten)
100 ml Sirup (Rezept S. 261)
80 ml Alchermes (florentinischer Gewürzlikör)
100 ml Kaffee
300 g herbe Kakaosauce (Rezept S. 366)
Konditorcreme (Zutaten unten)
einige Minzeblättchen

Die Torta della nonna in dünne Scheiben schneiden. Sirup und Alchermes mischen. Eine Schicht Torta in Dessertgläser geben. Erst mit etwas Sirupmischung, dann mit etwas Kaffee tränken. Etwas Konditorcreme ***(Zubereitung unten)*** und Kakaosauce ***(Zubereitung S. 366)*** daraufgeben. Die übrigen Zutaten so weiterschichten, bis sie verbraucht sind; mit Konditorcreme abschließen. Zuppa inglese 2 Stunden im Kühlschrank kühl stellen. Desserts mit Minze garniert servieren.

Torta della nonna

150 g Butter
150 g Zucker
10 g Vanillezucker
4 Eier, getrennt
Schale von 1 Bio-Zitrone
150 g Mehl (Type 00)
30 g Backpulver
50 g Speisestärke
100 ml Milch

Torta della nonna

Butter mit Zucker und Vanillezucker cremig aufschlagen. Eigelbe, fein abgeriebene Zitronenschale, Mehl, Backpulver und Stärke unterheben.
Die Milch zugießen. Das Eiweiß steif schlagen und unterheben. Den Teig in eine gefettete und mit Mehl ausgestäubte runde Backform (Ø 30 cm) geben. Im 170° heißen Ofen 20 Minuten backen.

Konditorcreme

10 Eigelb
400 g Zucker
120 g Mehl
½ Vanillestange
1 l Milch
Schale von 1 Bio-Orange
Schale von 1 Bio-Zitrone

Konditorcreme

Eigelbe mit dem Zucker gut verquirlen. Nach und nach das gesiebte Mehl untermischen.
Vanilleschote aufschneiden und das Mark herausschaben. Beides in 1 l Milch mit den Zitruschalen zum Kochen bringen und 5 Minuten köcheln lassen. Milch durch ein Sieb abgießen und auffangen. Die heiße Milch unter ständigem Rühren mit einem Schneebesen kräftig in die Eigelbmasse rühren. Mischung aufkochen und unter ständigem Rühren bei kleiner Hitze köcheln lassen, bis die Creme eingedickt ist. Abkühlen lassen und dabei gelegentlich umrühren, damit sich keine Klümpchen bilden.

Weinempfehlung

Moscato d'Asti, Cascina Castlet, Castigliole d'Asti, Piemont

Maria Luisa sagt:
„Die zuppa inglese sollte rechtzeitig vorbereitet werden, da sie vor dem Servieren mindestens zwei Stunden gekühlt werden muss."

gelato di vaniglia al caramello con piccole cialde

VANILLE-KARAMELL-EIS MIT WAFFELKEKSEN

ZUTATEN FÜR 8 PORTIONEN

400 ml Milch
200 g Sahne
1 Vanilleschote
Schale von 1 Bio-Orange
Schale von 1 Bio-Zitrone
6 Eier
150 g Zucker
2 EL Rumlikör
2 EL Karamellsauce **(Zutaten unten)**

Karamellsauce

½ Vanilleschote
400 g Zucker
400 ml Mineralwasser **(kohlensäurehaltig)**
1 kg Sahne

Waffelkekse

4 Eiweiß
100 g Butter
150 g Puderzucker
250 g Mehl
2 TL Anislikör
5 g Anissamen
2 EL Mandeln **(nach Belieben)**

Weinempfehlung

Aleatico, Antinori, Toskana

Maria Luisa sagt:

„Es ist wichtig, die Karamellsauce bei kleiner Hitze zu kochen, damit sie eine sämige Konsistenz erhält. Sie ist im Kühlschrank eine Woche haltbar und lässt sich auch gut für Torten benutzen."

Milch mit Sahne, Vanilleschote, Orangen- und Zitronenschale bei kleiner Hitze aufkochen und 5 Minuten köcheln lassen. Eier mit Zucker zu einer luftigen Creme aufschlagen. Eiercreme bei kleiner Hitze nach und nach in die warme Milch rühren und unter ständigem Rühren bei kleiner Hitze aufkochen, vom Herd nehmen und erkalten lassen. Vanilleschote und Zitrusschalen entfernen. Karamellsauce ***(Zubereitung unten)*** und Rumlikör zugeben und gut unterheben. In eine Eismaschine füllen und nach Anleitung zubereiten. Aus dem Eis Kugeln ausstechen und mit den Waffelkeksen ***(Zubereitung unten)*** servieren.

Karamellsauce

Vanilleschote aufschneiden und das Mark herausschaben. Zucker mit Mineralwasser aufkochen und bei kleiner Hitze köcheln lassen, bis ein haselnussbrauner Karamell entsteht, anschließend vom Herd nehmen. Die Sahne in dünnem Strahl mit einem Schneebesen in den Karamell einrühren. Vanilleschote und -mark zugeben und 5 Minuten bei kleiner Hitze köcheln lassen. Vom Herd nehmen und 15 Minuten ziehen lassen. Vanilleschote entfernen und die Sauce abkühlen lassen.

Waffelkekse

Eiweiß steif schlagen. Butter mit Puderzucker aufschlagen, nach und nach das Mehl, dann Anislikör, Anissamen und zum Schluss den Eischnee unterheben. Ein Backblech fetten und den Teig mithilfe eines Löffels portionsweise ausstreichen. Nach Belieben den Teig mit 2 EL gehackten Mandeln bestreuen. Im 150° heißen Backofen in 5–10 Minuten goldgelbe Waffeln backen. Die Waffeln lassen sich nur heiß formen, also sofort nachdem sie aus dem Ofen kommen – zum Beispiel zu Körbchen, Röllchen oder Zylindern.

*Es gibt zahllose Gründe,
nach Umbrien auszuwandern,
einige sind sonnengelb.*

l'estate [es'ta:te] *f*

DER SOMMER

l'estate [es'ta:te] *f*

DER SOMMER

Im Juni ist es heiß in Foligno. Geht man durch die Straßen, liegt eine sehr komplexe Hitzenote in der Luft, eine Mischung aus Holzfeuer und Asphalt, Sandstein und Staub, ausgebleichtem, silbrigem Holz, knochentrockener, frischer Wäsche, Gras, Pinien und Erde. Viel stärker noch als dies duften die Linden und der Jasmin. Diese beiden betreiben die Parfümierung der umbrischen Luft im Schichtdienst: Tagsüber duften die Linden, nachts der Jasmin. Der von hohen Zypressen geschützte Garten der Villa Roncalli erinnert jetzt an einen Paradeplatz. Man steht selbst stramm beim Betreten, so kerzengerade und in Reih und Glied wachsen Zwiebeln, Gurken, Zucchini, Auberginen, Tomaten und Paprikaschoten heran und harren tapfer der Stunde der Bewässerung – oder der ganz großen Stunde, in der sie geholt werden, um in die Gaumenfreuden und Augenschmäuse des Sommers verwandelt zu werden. Die Kartoffeln schlafen noch, die Bohnen auch. Dort, wo im Frühling der wilde Spargel stand, hat der wilde Fenchel das Regiment übernommen. Salbei, Minze und Rosmarin wachsen schon üppig und im aromaschonenden Schatten. Das Basilikum ist noch in Arbeit und ein gepolsterter Stuhl mit Blick auf die Beete weist darauf hin, dass es jemanden geben muss, der ihm gern dabei zusieht. Noch überwiegt im Garten die Farbe Erdbraun und die Stadtkinder aus Deutschland fragen sich, wo sind denn all die bunten Sachen? So haben wir nicht gewettet! Aber selbst in Italien brauchen Früchte und Gemüse ein Weilchen zum Reifen, sofern sie das auf biologische Weise und ohne Einsatz von Plastikfolien und Wachstumsfördermitteln tun. Da Luisas Vater vieles erst Ende März und Anfang April aussät, muss das Projektmanagement von Mutter Natur im Jahr 2011 den Erscheinungstermin gewisser Produkte in diesem Garten immer weiter nach hinten korrigieren. Das ist jedoch nicht die Schuld des Vaters, sondern die vom Mai. Der hat seine Arbeit nicht ordentlich gemacht. Zu kalt war er und zu verregnet. Trotzdem kocht Luisa natürlich Gerichte mit Tomaten und Auberginen, aber diese stammen, bitte sagen Sie es nicht weiter, nicht aus dem eigenen Garten, sondern aus kleinen Gärten bei Trevi, fünf Kilometer von der Villa oder aus dem Zweitgarten bei Ivanas Haus. Da gibt es jetzt übrigens schon Kirschen.

Auf den Feldern Umbriens sehen Weizen und Dinkel und Emmer schon ziemlich weit aus, während es von den berühmten Linsenfeldern von Castelluccio di Norcia, einer Hochebene in den Sibellinischen Bergen heißt, dass sie möglicherweise – möglicherweise! – schon blühen. Schon? Es ist doch längst Sommer. Die Hitze des Junis erweist sich für die grundehrliche Blattsalat-Fotografie erwartungsgemäß als Herausforderung und wer bis hierher gut aufgepasst hat, dem fällt auf, dass wir im Sommer also den ersten Salat auf der Liste der Rezepte haben. Einen jedenfalls, der Hauptdarsteller auf dem Teller ist. Salat vom Ausmaß einer Mahlzeit ist in Italien, ganz gleich, in welcher Provinz, in der Regel eine Konzession an die skurrilen Wünsche figurbewusster Touristinnen. Der Umbrer und die Umbrerin lieben Salat und grüne Blätter, aber in anderer Dosierung und bestimmt nicht im Winter. Doch im Sommer lieben sie die *panzanella*, den Brotsalat. Luisa zeigt uns andere, kalte oder lauwarme Salatvarianten, die so gehaltvoll sind, dass niemand nach ihrem Verzehr sagen kann, er habe „nur“ einen Salat gegessen. Salat kann man nämlich auch als *pasta* mit einer cremigen Sauce aus Thunfisch, Minze, Linsen, Graupen oder Dinkel und mit Gemüsen in allen fröhlichen Farben der Saison zubereiten. Die Sorge, umbrische Sommer wären möglicherweise vegetarisch, sei Ihnen genommen. Jetzt hat Fisch in Luisas Küche seinen große Zeit und es gibt Rezepte für alle Aggregatzustände. Jetzt haben die Schafe eine köstliche Größe erreicht und schmecken besonders gut in einem Safran-*risotto* mit Sommersteinpilzen – erst recht, wenn der Safran, wie die legendären Linsen, aus Castelluccio stammt. Wenn Sie bei Rezepten, so wie Luisa, die reine Lehre befolgen, muss das Schaf 36 Monate alt, männlich, aber kastriert, und sehr gut abgehangen sein. Bitte lassen Sie uns unbedingt wissen, wie Ihr deutscher Metzger bei dieser Bestellung geguckt hat.

Nach Sonnenuntergang werden in der Villa die Fensterläden geöffnet, um das pastellfarbene Abendwindchen hereinzulassen. Der Pool ist geschrubbt und läuft jetzt voll. Die Bewässerungsanlage springt an und die Gläser unseres *aperitivo* beschlagen augenblicklich. Ist nicht alles, was schön ist, im Sommer noch schöner?

In Kartoffeln immer nur unscheinbare braune Knollen zu sehen, finden Kartoffeln sehr ungerecht.

Ein sonnigeres Sößchen als dieses aus gelben Paprikaschoten müssten Sie sich malen.

parmigiana di melanzane con pomodorini estivi, salsa al basilico e olio fruttato

AUBERGINENAUFLAUF MIT TOMATENSAUCE UND PESTO

Rezept auf den folgenden Seiten

Getrocknete Kräuter verwendet Luisa gar nicht, da sie beim Kochen Bitterstoffe abgeben, die den Geschmack verderben.

parmigiana di melanzane con pomodorini estivi, salsa al basilico e olio fruttato

AUBERGINENAUFLAUF MIT TOMATENSAUCE UND PESTO

ZUTATEN FÜR 4 PORTIONEN

1 Aubergine (250 g)
Erdnussöl zum Ausbacken
50 g Basilikum
200 g Parmesan, gerieben
250 g Büffelmozzarella

Ausbackteig für das Gemüse

150 g Mehl (Type 0)
50 g Speisestärke
50 ml Bier
60 ml Mineralwasser (kohlensäurehaltig)
1 TL Zucker
Salz und Pfeffer
2 Eier
1 EL geriebener Parmesan

Auberginen in Scheiben schneiden und im vorbereiteten Teig wenden. Inzwischen das Erdnussöl in einer großen Pfanne erhitzen und die Auberginenscheiben von beiden Seiten goldgelb ausbacken. Auf Küchenpapier abtropfen lassen. Basilikumblätter fein schneien. Eine feuerfeste Form fetten. Etwas Tomatensauce auf dem Boden verteilen. Eine Lage Auberginen hineinlegen. Etwas Tomatensauce, Parmesan und Mozzarella darauflegen. Den Vorgang wiederholen, bis die Zutaten verbraucht sind, dabei mit einer mit Parmesan bestreuten Aubergine enden. Den Auflauf im 200° heißen Backofen 20 Minuten backen. Der Auflauf soll eine leicht goldgelbe Kruste bilden.
Pesto in die Mitte der Teller geben. Auberginenauflauf daraufsetzen. Mit Basilikumblättern und einigen Tupfern Tomatensauce garnieren.

Ausbackteig für das Gemüse

Mehl und Stärke in eine Schüssel sieben. Nach und nach Bier und Mineralwasser unterrühren, mit Zucker, Salz und Pfeffer würzen. Die Eier mit dem Parmesan verquirlen und alles mit dem Schneebesen zu einem dickflüssigen Teig vermischen.

Maria Luisa sagt:
„Um der Aubergine überschüssige Bitterstoffe und das Wasser zu entziehen, die Scheiben vor dem Kochen mit Salz bestreuen, anschließend auf Küchenpapier abtropfen lassen. Dadurch saugen die Auberginen beim Braten nicht zu viel Fett auf."

Tomatensauce

2 Knoblauchzehen
150 ml Olivenöl
50 g Basilikum
500 g stückige Tomaten
1 TL Zucker
50 g Speckschwarte am Stück
1 Stiel frische Minze
Salz
Chili
2 EL Sahne
1 EL geriebener Parmesan

Pesto

25 g Pinienkerne
15 g Mandeln
250 g Basilikum
1 Knoblauchzehe, geschält
100 ml Olivenöl
40 g Parmesan, gerieben
30 g Pecorino, gerieben
4 kleine Eiswürfel
grobes Salz
Pfeffer

Weinempfehlung

Vermentino Le Serre,
Lupi, Ligurien

Tomatensauce

Knoblauch schälen. Olivenöl in einer beschichteten Pfanne mit Knoblauch bei kleiner Hitze goldgelb rösten. Basilikum, Tomaten, Zucker, Speckschwarte und Minze zugeben, mit Salz und Chili würzen. Sahne und Parmesan einrühren. Bei starker Hitze 5 Minuten kochen. Speck, Basilikum und Minze entfernen.

Pesto

Pinienkerne, Mandeln, Basilikum und Knoblauch in einem Marmormörser oder in einem Mixer zu einer Paste zerreiben. Olivenöl, Parmesan, Pecorino und Eiswürfel, Salz und Pfeffer zugeben. Alles gut mischen und im Kühlschrank 20 Minuten kühl stellen. Wenn Sie das Pesto im Mixer zubereiten, zerkleinern Sie das Basilikum erst zum Ende hin. Der Kontakt mit den Messerklingen kann das Basilikum dunkel färben.

insalata di panzanella al profumo di prosciutto

BUNTER BROTSALAT MIT PROSCIUTTO

ZUTATEN FÜR 4 PORTIONEN

1 rote Zwiebel (z. B. Tropea)
1 TL Zucker
6 EL Rotweinessig
2 Salatgurken
6 Scheiben Brot vom Vortag
100 g Kopfsalat
100 g Rucola
70 g Feldsalat
120 g Kirsch- oder Datteltomaten
250 g Tamaris-Melone
(gelbfleischige Melone)
Minzeblätter (nach Geschmack)
10 Basilikumblätter
Olivenöl
Salz und Pfeffer
200 g luftgetrockneter Schinken
12 essbare Blüten (z. B. Gurkenblüten)

Weinempfehlung
Bianco Colbadia,
Cantina Cardeto, Umbrien

Zwiebel schälen und fein schneiden. Mit Zucker und 2 EL Essig mischen. Gurken schälen, halbieren und die Kerne entfernen. Gurken in Scheiben schneiden. Brot entrinden, in große Stücke schneiden. Mit einer Mischung aus kaltem Wasser und 4 EL Essig tränken, ohne dass es einen Brei ergibt. Das Brot ausdrücken und in Stücke zerzupfen. Die Salate waschen und trocken schleudern. Kopfsalat in Stücke zupfen, Rucola evtl. klein schneiden.
Tomaten waschen und halbieren. Aus dem Melonenfruchtfleisch mit einem Kugelausstecher Kugeln ausstechen, mit Minze vermischt 15 Minuten ziehen lassen. Basilikum klein schneiden.
Alle vorbereiteten Zutaten, bis auf die Melonenkugeln, in einer Salatschüssel vorsichtig mischen. Mit Olivenöl, Salz und Pfeffer würzen. Schinken in Streifen schneiden.
Salat auf Tellern mit Schinken, Melonenkugeln und Blüten anrichten.

Maria Luisa sagt:
„Den Salat nicht im Kühlschrank aufbewahren, da der Essig den Geschmack verändern kann."

Oft findet Maria Luisa bei der Schneckenjagd in ihrem Gemüsegarten unverhofft eine Idee für ein Menü.

Maria Luisas selbst angebaute Tomaten schmecken – man glaubt es kaum – nach Tomaten!

zuppa di roveja con scampi e zucchine

ROVEJA-SUPPE MIT SCAMPI UND ZUCCHINI

ZUTATEN FÜR 4 PORTIONEN

400 g Roveja (Wilderbsen)
grobes Salz
17 EL Olivenöl
schwarzer Pfeffer
1 kg Scampi (roh, mit Schale)
2 Knoblauchzehen
120 g Zwiebeln
80 g Staudensellerie
60 g Möhren
150 g Tomaten
50 g Schweinebacke
2 mittelgroße Kartoffeln
2 EL Sahne
Salz und Pfeffer
4 Zucchini
2 Zweige Rosmarin
300 ml Gemüsebrühe
gehackte Petersilie

Weinempfehlung

Giulio Ferrari riserva del Fondatore, Ferrari Fratelli Lunelli, Trentino

Roveja mit 1 EL grobem Salz in einen Topf geben, mit lauwarmem Wasser bedeckt über Nacht einweichen. In ein Sieb abgießen und in kochendem Salzwasser mit 1 EL Olivenöl, 5 g gemahlenem Pfeffer 1 Stunde garen. Abgießen und abtropfen lassen, dabei 100 ml Kochwasser auffangen.

Inzwischen die Scampi waschen. Kopf vom Schwanz abdrehen. Schwanzschale aufbrechen und abziehen. Fleisch auf der Rückenseite mittig längs einschneiden und den schwarzen Darmfaden entfernen.

Knoblauch und Zwiebeln schälen, Staudensellerie putzen, alles klein würfeln. Möhren schälen, Tomaten waschen, beides klein würfeln. In einer großen Pfanne 6 EL Olivenöl erhitzen, mit Zwiebeln, Sellerie, 1 durchgepressten Knoblauchzehe, Schweinebacke langsam andünsten, mit dem Roveja-Kochwasser ablöschen. Kartoffeln schälen und grob reiben. Tomaten, Scampiköpfe sowie -schalen und Sahne zugeben und 15 Minuten kochen, salzen und pfeffern, dann Scampiköpfe und -schalen und Schweinebacke entfernen.

Zucchini schälen. 1 beiseitelegen und die übrigen klein schneiden. Mit 1 Knoblauchzehe, 1 Rosmarinzweig und Roveja in 6 EL Olivenöl andünsten. Mit der Gemüsebrühe mischen und nicht zu fein pürieren.

Beiseitegestellte Zucchini längs in dünne Scheiben schneiden. In einer Pfanne in 4 EL Olivenöl erhitzen. Scampi mit 1 Zweig Rosmarin 2 Minuten kräftig anbraten. Herausnehmen und mit gehackter Petersilie bestreuen. Zucchini in die Pfanne geben und 2 Minuten andünsten. Suppe in Schalen anrichten. Scampi und Zucchinischeiben darauflegen und nach Belieben mit einigen gekochten braunen Linsen bestreut servieren.

Maria Luisa sagt:

„Die Roveja ist eine kleine, wilde Erbse, die ausschließlich für Suppen verwendet wird. Ihr Geschmack ähnelt Dicken Bohnen."

Flusskrebse reagieren hochempfindlich auf Wasserqualität und in dem Flüsschen Topino, in dem sie in der Nacht gefangen wurden, scheint sie tipptopp zu sein.

Weil die kleinen Flusskrebse bei der Zubereitung ihr elegantes Grün ablegen, wird Maria Luisa es mit dem Grün von Zucchinibabys ersetzen.

passatina di carote con fiori di zucca e quenelles di ricotta

MÖHRENSUPPE MIT ZUCCHINIBLÜTEN UND RICOTTA-NOCKEN

ZUTATEN FÜR 4 PORTIONEN

100 g Kartoffeln
100 g Porree
300 g Möhren
50 g Schalotten
2 Knoblauchzehen
60 g milder Rohschinken
(San Daniele oder Parma)
2 Schweinsknochen
260 ml Olivenöl
60 g Pilze der Saison
1 Zweig Thymian
Salz
400 ml Gemüsebrühe
50 g Parmesan
12 Zucchiniblüten

Ricotta-Nocken

30 g Pimpinelle
200 g Ricotta, abgetropft
geriebene Muskatnuss
Salz und Pfeffer
60 g Parmesan, gerieben
1 Eigelb
Olivenöl

Weinempfehlung

Il Padrone delle Vigne,
Tabarrini, Montefalco, Umbrien

Die Kartoffel waschen und mit Schale in kochendem Wasser 20 Minuten garen. Etwas ausdämpfen lassen, schälen und in Scheiben schneiden. Porree putzen, waschen und in Ringe schneiden. In kochendem Wasser 1 Minute kochen und abschrecken. Möhren sowie Schalotten schälen und getrennt klein würfeln. Knoblauch schälen.
Schalotten, Porree, Schinken, Knochen und 1 durchgepresste Knoblauchzehe in 125 ml Olivenöl andünsten. Möhren mit 1 Knoblauchzehe, geputzten Pilzen, Thymian, Kartoffelscheiben in 125 ml Olivenöl in einem Topf andünsten, nach Belieben salzen, dann die Porree-Schinken-Mischung dazugeben. Gemüsebrühe zugießen und bei kleiner bis mittlerer Hitze in ca. 10 Minuten garen. Schweineknochen, Schinken und Thymian entfernen. Gemüse pürieren und geriebenen Parmesan unterrühren.
Die Zucchiniblüten putzen und in etwas Olivenöl 2 Minuten anbraten, nach Belieben salzen.
Möhrensuppe in Suppenteller gießen. Mit Nocken ***(Zubereitung unten)*** und Zucchiniblüten angerichtet servieren.

Ricotta-Nocken

Pimpinelle waschen, trocken schütteln und die Blätter grob hacken. Ricotta in einer Schüssel mit Muskat, Salz und Pfeffer würzen. Parmesan, Eigelb, 2 EL Olivenöl und Pimpinelle untermischen. Mit 2 geölten Esslöffeln kleine Nocken formen.

Maria Luisa sagt:
„Der Klößchenteig für die Nocken darf nicht zu dünn sein, sonst zerfallen sie. Pimpinelle kann durch Kerbel oder krause Petersilie ersetzt werden."

tonno fresco con melanzane e salsa di peperoni gialli

FRISCHER THUNFISCH MIT AUBERGINEN UND SAUCE AUS GELBER PAPRIKA

ZUTATEN FÜR 4 PORTIONEN

2 Scheiben Thunfisch (400 g; Sushi-Qualität)
2 Knoblauchzehen
200 ml Olivenöl
je 1 Zweig Salbei, Rosmarin und Thymian
2 Zweige Oregano
schwarze Pfefferkörner (nach Geschmack)
350 g Aubergine
Salz und Pfeffer
Aceto balsamico

Gelbe Paprikasauce

1 große, gelbe Paprikaschote
1 Knoblauchzehe
50 g Aubergine
30 g reife Tomate
1 Stück Schweineschwarte
1 Zweig Rosmarin
4 Basilikumblätter
2 EL Olivenöl
Salz und Pfeffer
5 g Sardellenfilet
150 ml Gemüsebrühe

Weinempfehlung

Ferentano, Falesco, Umbrien

Thunfisch in 1 cm dicke Scheiben schneiden. Knoblauch schälen. Aus 100 ml Olivenöl, Knoblauch, Salbei, Rosmarin, Thymian, 1 Zweig Oregano und angedrückten Pfefferkörnern eine Marinade rühren. Thunfisch rundum gut damit mischen und 2 Stunden marinieren lassen.
Vom Stielansatz der Aubergine zunächst einige dünne, runde Scheiben, dann längs 4 große, dünne Scheiben (am besten aus der Mitte der Aubergine) zum Einrollen des Thunfischs schneiden. Den Rest würfeln und beiseitelegen.
Die großen Auberginenscheiben salzen, pfeffern, mit Oreganoblättchen bestreuen und mit etwas Olivenöl beträufeln. Thunfisch aus der Marinade nehmen und in die Auberginenscheiben einrollen. Thunfischrollen im Marinadeöl samt Kräutern bei starker Hitze auf jeder Seite 1 Minute braten. Das Innere sollte noch roh sein. Restliche Auberginenscheiben im restlichen heißen Olivenöl mit 1 Oreganozweig 2 Minuten braten. Salzen und pfeffern.
Die gebratenen Auberginenscheiben mit Paprikasauce ***(Zubereitung unten)*** und aufgeschnittenen Auberginenrollen auf Tellern anrichten. Thunfisch mit Balsamico beträufeln.

Gelbe Paprikasauce

Paprika putzen, waschen, entkernen und klein würfeln. Knoblauch schälen. Aubergine und Tomate waschen und klein würfeln. Paprika, Knoblauch, Schweineschwarte, Rosmarin und Basilikum bei kleiner Hitze im heißen Olivenöl 10 Minuten andünsten, salzen und pfeffern. Aubergine, Tomate und Sardelle zufügen. Mit der Gemüsebrühe ablöschen und aufkochen. Die Sauce im Mixer pürieren, mit Salz und Pfeffer abschmecken.

Maria Luisa sagt:

„Thunfisch nur kurz braten, so kommt sein Geschmack besser zur Geltung – und am besten Bauchfleisch nehmen, weil es das beste ist. Die Rouladen können mit einem Zahnstocher fixiert werden, den man vor dem Servieren wieder entfernt.“

carpaccio di pesce spada con insalata di farro e verdure tiepide

SCHWERTFISCH-CARPACCIO MIT LAUWARMEM DINKEL-GEMÜSE-SALAT

ZUTATEN FÜR 4 PORTIONEN

500 g Schwertfisch
1 Zweig Thymian
1 Stiel Minze
1 Zweig wildes Fenchelkraut
ca. 9 EL Olivenöl
Saft von 1 Zitrone
1 TL Sahne
1 TL geriebener Parmesan
Salz und Pfeffer
1 Knoblauchzehe
90 g Zucchini

Dinkel-Gemüse-Salat

400 g Dinkel
1 Zwiebel
3 mittelgroße Kartoffeln
80 g Möhre
80 g Staudensellerie
2 Tomaten
6 EL Olivenöl
Salz
60 g Zucchini
60 g Kirschtomaten
4 Basilikumblätter
Pfeffer

Weinempfehlung

Castagnolo, Orvieto Classico, Barberani, Umbrien

Schwertfisch in dünne Scheiben schneiden. Thymian- und Minzeblätter sowie Fenchelkraut sehr fein hacken. Mit 8 EL Olivenöl, Zitronensaft, Sahne, Parmesan zu einer Marinade rühren. Dann Schwertfischscheiben lagenweise in eine Form geben. Jede Lage mit Marinade bestreichen. 1 Stunde marinieren, anschließend mit Salz und Pfeffer würzen. Schwertfischscheiben in 4 Alu-Förmchen (Ø 8 cm, Höhe 3 cm) schichten, mit Frischhaltefolie abgedeckt 30 Minuten in den Kühlschrank stellen.
Knoblauch schälen. Zucchini in kleine Würfel schneiden. Beides in etwas heißem Olivenöl kurz knusprig anbraten.
Carpaccio auf Teller stürzen, Zucchiniwürfel darauflegen und mit lauwarmem Gemüse-Dinkel-Salat ***(Zubereitung unten)*** anrichten. Nach Belieben mit Möhrenstreifen sowie Basilikumblättern belegen und auf jedes Carpaccio einen Parmesanspan legen.

Dinkel-Gemüse-Salat

Dinkel 2 Stunden in Wasser einweichen, anschließend in ein Sieb abgießen. Zwiebel, 1 Kartoffel und Möhre schälen. Sellerie und Tomaten waschen. Dinkel mit 2 EL Olivenöl und den Gemüsen in leicht gesalzenem Wasser kochen, bis der Dinkel weich ist. Zwiebel, 30 g Sellerie, Kartoffel und Möhre entfernen, Dinkel in ein Sieb abgießen.
Inzwischen 2 Kartoffeln schälen, in kleine Stücke schneiden und in kochendem Salzwasser 10 Minuten garen. Zucchini waschen und nur den grünen Teil, restlichen Staudensellerie und Kirschtomaten in kleine Würfel schneiden. Gemüse in 4 EL Olivenöl mit Basilikumblättern in 10 Minuten al dente dünsten. Kartoffelwürfel und Dinkel zugeben. Mit Salz und Pfeffer würzen.

Maria Luisa sagt:
„Das Rückenfleisch des delikaten Schwertfisches ist magerer, das Bauchfleisch fetter, aber zarter. Für rohe Zubereitung muss der Fisch sehr frisch sein.“

guazzetto di Sanpietro, juliennes di zucchina bianca e pomodorini

PETERSFISCH AUF GEMÜSESAUCE MIT ZUCCHINISTREIFEN

ZUTATEN FÜR 4 PORTIONEN

4 Knoblauchzehen
80 g Gemüsezwiebeln
50 g Staudensellerie
250 g weiße Zucchini
80 g Schinkenspeck
1 Fischkarkasse
ca. 280 ml Olivenöl
Salz und Pfeffer
2 Kartoffeln
100 g Täublinge (oder ein anderer Sommerpilz)
1 Zweig Thymian
1 EL geriebener Parmesan
4 Sankt-Petersfisch-Filets (mit Haut, 700 g)
1 Zweig Salbei
150 g Kirschtomaten
1 Stiel Minze

Weinempfehlung

Spira Clara, Le crete,
Loc. Piscicoli, Umbrien

Knoblauch und Zwiebel schälen. Staudensellerie und Zucchini waschen. Zwiebel, Staudensellerie und 50 g Zucchini in kleine Stücke schneiden.
Schinkenspeck, Zwiebel, Staudensellerie, Zucchini, 1 durchgepresste Knoblauchzehe und die Fischkarkasse in 150 ml heißem Olivenöl ca. 15 Minuten bei mittlerer Hitze andünsten. Mit Salz und Pfeffer würzen.
Inzwischen Kartoffeln mit der Schale in kochendem Salzwasser garen, anschließend schälen und in Stücke schneiden.
Die Pilze putzen. 100 ml Olivenöl erhitzen und die Pilze mit Thymian, 1 Knoblauchzehe, Kartoffeln bei starker Hitze kurz scharf anbraten. Mit Salz und Pfeffer würzen und zur Zucchini-Mischung geben. Karkasse entfernen und das Ganze durch ein Sieb in einen Topf abgießen und pürieren. Die Sauce mit Parmesan und 30 ml Olivenöl verrühren.
Petersfisch waschen, trocken tupfen und entgräten.
4 EL Olivenöl erhitzen und die Fischfilets mit Salbei und 1 Knoblauchzehe zuerst auf der Hautseite anbraten, wenden und fertig garen. Salzen und pfeffern.
200 g Zucchini in dünne Streifen schneiden. Tomaten waschen und würfeln. 3 EL Olivenöl erhitzen. Zucchini mit 1 Knoblauchzehe, Minze und Tomaten kurz andünsten. Salzen und pfeffern.
Gemüsesauce auf Teller verteilen, Fischfilets darauf anrichten und mit Zucchinistreifen und Tomatenwürfeln belegt servieren.

calamaro gratinato, gnocchetti di patate al nero di seppia,
melanzane con salsa di basilico e alghe marine

GEFÜLLTE CALAMARI MIT SEPIA-GNOCCHETTI UND BASILIKUMSAUCE

Rezept auf den folgenden Seiten

calamaro gratinato, gnocchetti di patate al nero di seppia,
melanzane con salsa di basilico e alghe marine

GEFÜLLTE CALAMARI MIT SEPIA-GNOCCHETTI UND BASILIKUMSAUCE

ZUTATEN FÜR 4 PORTIONEN

1 Oktopus (ca. 350 g)
2 mittelgroße Kartoffeln
Salz
1 Knoblauchzehe
1 Aubergine
100 g Frühlingszwiebeln
25 g Petersilie, gehackt
9 EL Olivenöl
55 g Parmesan, gerieben
1 Eigelb
Pfeffer
1 Zweig Thymian
5 g Oreganoblätter
2 Basilikumblätter
4 kleine Calamari
3 EL Paniermehl
Schale von 1 Bio-Zitrone
500 ml Erdnussöl
Mehl

Oktopus waschen, putzen und vorsichtig den schwarzen Tintensack entfernen, er darf nicht beschädigt werden. Oktopus sehr klein schneiden.
Kartoffeln waschen und in kochendem Salzwasser 20 Minuten garen, abgießen und durch die Kartoffelpresse drücken.
Inzwischen Knoblauch schälen. Aubergine waschen und klein würfeln. Frühlingszwiebeln putzen, waschen und klein schneiden.
Kartoffeln, durchgepressten Knoblauch, 15 g Petersilie, 4 EL Olivenöl, 50 g Parmesan und Eigelb mischen. Mit Salz und Pfeffer würzen.
3 EL Olivenöl erhitzen, Frühlingszwiebeln, Aubergine, Thymian, Oregano und Basilikum einige Minuten andünsten. Oktopus und Kartoffelmasse zugeben, salzen und pfeffern. 1 EL Kartoffelmasse für die Basilikumsauce beiseitestellen.
Calamari waschen. Die Arme aus dem Körper ziehen. Arme so abschneiden, dass sie miteinander verbunden bleiben. Die Kauwerkzeuge und Fischbein entfernen. Calamari-Tuben mit der Kartoffelmasse füllen.
Paniermehl mit 10 g gehackter Petersilie, 5 g Parmesan, Zitronenschale und 1 EL Olivenöl mischen, salzen und pfeffern.
Eine ofenfeste Form mit Backpapier auslegen und die gefüllten Calamari hineinlegen. Diese mit der Paniermehlmischung bestreuen und mit 1 EL Olivenöl beträufeln. Im 200° heißen Ofen 10 Minuten backen. Es soll eine knusprige Kruste entstehen.
Inzwischen das Erdnussöl erhitzen. Die Calamari-Arme etwas öffnen, ähnlich einer Blume, mit Mehl bestäuben und im heißen Fett knusprig frittieren.

Die Basilikumsauce ***(Zubereitung rechts)*** mit gefüllten Calamari, frittierten Calamari-Armen und der Gnocchetti-Gemüse-Mischung ***(Zubereitung rechts)*** auf Tellern anrichten. Nach Belieben mit Basilikumblättern garnieren.

Basilikumsauce

5 g Knoblauch
60 g Auberginen
100 ml Olivenöl
30 g Basilikum
50 g Salicorne (Queller)
50 g Sahne
50 g Parmesan, gerieben
Salz und Pfeffer
1 EL Kartoffelmasse
80 ml Gemüsebrühe

Gnocchetti mit Sepia-Tinte

500 g rotschalige Kartoffeln
Salz
1 EL Parmesan, gerieben
150 g Mehl
Sepia-Tinte
Pfeffer
geriebene Muskatnuss
1 Aubergine
100 g Kirschtomaten (Datteltomaten)
1 Knoblauchzehe
2 EL Olivenöl
100 g Salicorne (Queller)
1 EL Basilikumsauce (Zutaten oben)

Weinempfehlung

Anima Umbra, Arnaldo Caprai, Umbrien

Basilikumsauce

Knoblauch schälen. Aubergine waschen und klein würfeln. Olivenöl erhitzen, Aubergine, durchgepressten Knoblauch, Basilikum, Salicorne, Sahne und Parmesan zugeben und bei kleiner Hitze andünsten. Mit Salz und Pfeffer würzen. Alles mit Kartoffelmasse und Gemüsebrühe im Mixer pürieren. Die Sauce soll eine flüssige Konsistenz haben.
1 EL Sauce für die Gnocchetti beiseitestellen.

Gnocchetti mit Sepia-Tinte

Kartoffeln waschen und in kochendem Salzwasser 20 Minuten garen. Abgießen, etwas ausdämpfen lassen, schälen und durch die Kartoffelpresse drücken. Parmesan, Mehl, Tinte, Salz, Pfeffer und Muskat zugeben. Mit den Händen zügig zu einer homogenen Masse verarbeiten. Mit den Handballen erst zu kleinen Röllchen à 1 cm Dicke formen, dann länglich formen. Einen Topf mit Salzwasser zum Kochen bringen und die Gnocchetti darin in einigen Minuten gar ziehen und anschließend abtropfen lassen.
Inzwischen Aubergine und Tomaten waschen. Beides klein würfeln. Knoblauch schälen. Olivenöl erhitzen. Aubergine, Tomaten, Knoblauch, Salicorne und die Basilikumsauce 5 Minuten andünsten.
Gnocchetti für einige Minuten in die Pfanne geben und mitdünsten.

Maria Luisa sagt:
„Die Calamari dürfen nicht zu lange garen, sonst wird ihre Konsistenz gummiartig. Die Kartoffelmasse wie einen Mürbeteig sehr rasch mit den Händen verarbeiten, damit sie nicht zu elastisch wird.“

Es gibt Zutaten, angesichts derer Maria Luisa, die Kompromisslose, großzügig darüber hinweg sieht, dass Umbrien nicht am Meer liegt. Sie kann nicht anders. Sie muss den besten Fischhändler der Welt in Rom anrufen.

tortino di orzo perlato con fiori di zucca, capesante croccanti su cestino di porri

JAKOBSMUSCHELN MIT GRAUPEN-ZUCCHINIBLÜTEN AUF EINEM PORREEBETT

ZUTATEN FÜR 4 PORTIONEN

4 Stangen Porree
2 Knoblauchzehen
60 g Schalotten
30 g Möhre
100 g Staudensellerie
200 g Perlgraupen
8 ganze Garnelen (roh)
17 EL Olivenöl
70 g Schweinebacke
Salz und Pfeffer
1,5 l Gemüsebrühe, heiß
1 Kartoffel
20 Zucchiniblüten
1 Stiel Minze
2 Zweige Thymian
10 g Petersilie, gehackt
80 g Parmesan, gerieben
Butter
8 Jakobsmuscheln (mit Corail)
1 Zweig Oregano

Weinempfehlung

La Monella Barbera frizzante del Monferrato, Giacomo Bologna, Piemont

Für das Porreebett äußere Blätter waschen, putzen und in kochendem Salzwasser bissfest blanchieren. In Eiswasser abschrecken, abtrocknen und längs in Streifen schneiden, parallel anordnen und Lauchmatte weben.
Knoblauch, Schalotten und Möhre schälen. Staudensellerie putzen, entfädeln und waschen. Alles fein schneiden.
Perlgraupen 20 Minuten in lauwarmem Wasser einweichen.
Garnelen waschen, Schale mit einer Schere einschneiden und beide Schalenteile vorsichtig mit den Fingern lockern.
10 EL Olivenöl erhitzen. Schalotten, 1 durchgepresste Knoblauchzehe, Möhre, Staudensellerie und Schweinebacke bei kleiner Hitze andünsten, salzen und pfeffern. Mit 100 ml heißer Gemüsebrühe ablöschen und 10 Minuten köcheln lassen.
Inzwischen die Kartoffel schälen und reiben. Mit den Garnelen zugeben und weitere 10 Minuten köcheln lassen. Graupen zugeben. Nach und nach heiße Gemüsebrühe zugießen und in ca. 20 Minuten garen.
Inzwischen 12 Zucchiniblüten putzen, salzen und pfeffern.
Minze und die Blätter von 1 Thymianzweig hacken, mit Petersilie mischen, zu den Graupen geben und weitere 20 Minuten garen. Garnelen entfernen. Parmesan, etwas Butter und 1 EL Olivenöl unter die Graupen mischen.
8 Zucchiniblüten putzen, Stiele entfernen und in 2 EL Olivenöl 2 Minuten kräftig anbraten. Salzen und pfeffern. Jakobsmuscheln waschen und trocken tupfen.
4 EL Olivenöl in einer anderen, beschichteten Pfanne erhitzen.
Je 1 Thymian- und Oreganozweig, 1 Knoblauchzehe und Jakobsmuscheln hineingeben und auf beiden Seiten kurz sehr scharf braten. Salzen, pfeffern.
Porreebett auf einen Teller legen. Graupen mithilfe eines Timbaleförmchens oder einer Tasse auf den Porree stürzen und mit gebratenen Zucchiniblüten belegen. Jakobsmuscheln dazulegen und sofort servieren.

Alessio versteht sich nicht nur aufs Kochen, sondern auch auf filigrane Handarbeiten aus Lauch.

capesante gratinate al timo selvatico e porri dorati

GRATINIERTE JAKOBSMUSCHEL MIT THYMIAN UND PORREE

ZUTATEN FÜR 4 PORTIONEN

½ Knoblauchzehe
2 Zweige wilder Thymian
10 g Kirschtomaten
20 g Paniermehl
15 g Petersilie, gehackt
1 EL Parmesan, gerieben
1 TL Sahne
4 Jakobsmuscheln (ganz)
Salz und Pfeffer
Olivenöl
200 g Porree
8 EL Mehl
500 ml Erdnussöl zum Frittieren

Weinempfehlung

La Monella Barbera frizzante del Monferrato, Giacomo Bologna, Piemont

Knoblauch schälen und durchpressen. Thymianblättchen fein hacken. Tomate waschen und klein hacken. Alles mit Paniermehl, Petersilie, Parmesan und Sahne gut vermischen. Die Masse sollte nicht zu flüssig, aber auch nicht zu trocken sein.
Jakobsmuscheln aus der Schale lösen. Muschelschalen waschen, abtrocknen und beiseitelegen. Jakobsmuscheln mit dem Corail waschen und abtrocknen, salzen und pfeffern. In eine mit Backpapier ausgelegte Backform legen.
Die vorbereitete Masse dünn auf die Jakobsmuscheln streichen, mit Olivenöl beträufeln. Im 200° heißen Backofen ca. 15 Minuten gratinieren, bis sie eine goldbraune Kruste haben. Muschelschalen erwärmen.
Inzwischen Porree putzen, waschen und in Ringe schneiden. In kochendem Salzwasser blanchieren. Abgießen, abschrecken, abtropfen lassen und mit Mehl bestäuben.
Erdnussöl in einem kleinen, hohen Topf auf 150° erhitzen. Porree darin goldgelb frittieren.
Frittierten Porree auf 4 Muschelschalen verteilen. Jede Jakobsmuschel in eine Schale legen. Sofort servieren.

Maria Luisa sagt:
„Nur ganz wenig von der Mischung auf die Jakobsmuscheln streichen, sonst werden sie nicht knusprig. Das Olivenöl schützt die Mischung vor dem Verbrennen.“

risotto ai pistilli di zafferano, peperoni dell'orto al profumo di menta e nocetta di agnello con funghi porcini

SAFRAN-PAPRIKA-RISOTTO MIT LAMM UND STEINPILZEN

ZUTATEN FÜR 4 PORTIONEN

4 Scheiben Lammfleisch
(ca. 2 cm dick, 500 g; Nuss)
gewürzter Speck (Zutaten unten)
13 EL Olivenöl
3 Knoblauchzehen
3 Zweige Rosmarin
1 Zweig Thymian
1 Zweig Myrte
Salz und Pfeffer
100 ml kräftiger Weißwein
1 l Gemüsebrühe
4 g Safranfäden
80 g Zwiebel
50 g Staudensellerie
je 1 gelbe und rote Paprikaschote
250 g Steinpilze
2 Zweige Minze
20 g Schweinebacke
300 g Risottoreis (z. B. Carnaroli)
100 g Butter
150 g Parmesan, gerieben

Gewürzter Speck

100 g Lardo (ital. weißer Speck)
je 1 Zweig Rosmarin, wildes Fenchelkraut, Myrte, Thymian
2 Salbeiblätter
1 Knoblauchzehen
1 EL Rotweinessig
Salz und Pfeffer

Weinempfehlung

Monefalco Sagrantino, Adanti Bevagna, Umbrien

Lammfleisch mit gewürztem Speck ***(Zubereitung unten)*** bestreichen. 3 EL Olivenöl erhitzen, Fleisch mit 1 Knoblauchzehe, je 1 Zweig Rosmarin, Thymian und Myrte darin bei starker Hitze auf beiden Seiten 10 Minuten anbraten. Nach Geschmack salzen und pfeffern. Mit Weißwein ablöschen, 200 ml Gemüsebrühe zugießen und in ca. 30 Minuten zugedeckt einkochen lassen. 800 ml Brühe erhitzen und den Safran darin auflösen. Zwiebel schälen. Staudensellerie waschen, putzen und entfädeln. Beides klein schneiden. Paprikas waschen, putzen, entkernen. Je 50 g gelbe und rote Paprika klein würfeln. Steinpilze putzen und die Pilzköpfe beiseitelegen. Die Stiele klein schneiden. Alles in 4 EL heißem Olivenöl mit 1 Rosmarinzweig, 4 Minzeblättern und der Schweinebacke gut anbraten. Den Reis zugeben und glasig dünsten. Mit etwas heißer Brühe ablöschen und nach und nach immer so viel Brühe zugießen, dass der Reis damit bedeckt ist. Den Reis bissfest garen. Anschließend 4 EL vom Bratenfond, Butter und Parmesan unterrühren.

Inzwischen übrige Paprika in sehr dünne Streifen schneiden. 3 EL Olivenöl erhitzen. Paprikastreifen mit 1 Zweig Rosmarin und 1 Knoblauchzehe anbraten. Nach Geschmack salzen und pfeffern.

Steinpilzköpfe in Scheiben schneiden. 3 EL Olivenöl erhitzen, Pilze mit 1 Zweig Thymian und 1 Knoblauchzehe 2 Minuten scharf anbraten. Salzen und pfeffern.

Safran-Risotto auf Tellern mit Steinpilzen, Lammfleisch und Paprikastreifen anrichten. Mit restlichen Minzeblättchen garnieren.

Gewürzter Speck

Speck mit den Blättchen von Rosmarin, Fenchelkraut, Myrte sowie Thymian, Salbei, geschältem Knoblauch und Essig im Mixer zu einer cremigen Masse pürieren. Mit Salz und Pfeffer abschmecken.

pasta fredda con verdure estive tiepide e lombetto di maiale con salsa tonnata e finocchietto selvatico

LAUWARMER SOMMERGEMÜSE-NUDELSALAT MIT SCHWEINELENDE UND THUNFISCHSAUCE

ZUTATEN FÜR 4 PORTIONEN

150 g Fusilli (Hartweizennudeln)
Salz
150 g Zucchini
200 g grüne Bohnen
70 g braune Linsen (z. B. Castelluccio)
1 Kartoffel
15 g Petersilie
150 g Tomaten (z. B. San Marzano)
5 g Oreganoblätter
Olivenöl
400 g Schweinelende
50 g gewürzter Speck (Rezept S. 251)
2 Zweige wildes Fenchelkraut
Pfeffer
3 Knoblauchzehen
100 ml trockener Weißwein (z. B. Vernaccia)
250 ml Gemüsebrühe
2 Stiele Basilikum
1 Stiel Minze
100 g Parmesan, gerieben
200 ml Thunfischsauce (Zutaten unten)
100 ml Pesto (Rezept auf S. 221)

Thunfischsauce

200 g Thunfisch in Öl (Dose)
2 Eier, hart gekocht
4 Kapern
1 Sardellenfilet
2 EL Parmesan, gerieben
4 EL Olivenöl
3 EL Bratenfond (Zutaten oben)
100 g Mayonnaise
Salz und Pfeffer

Weinempfehlung

Vernaccia di Serrapetrona, Marken

Nudeln in kochendem Salzwasser al dente garen. Abgießen, in Eiswasser abschrecken und gut abtropfen lassen.
Inzwischen Zucchini waschen und in dünne Streifen schneiden. Bohnen blanchieren und klein schneiden. Linsen in Salzwasser al dente kochen. Kartoffel schälen, in 1 cm große Würfel schneiden und kochen. Tomaten waschen und würfeln. Mit dem Oregano und 1 EL Olivenöl in einer Schüssel vermischen.
Die Schweinelende entbeinen, 2 ausgelöste Knochen beiseitelegen. Lende mit gewürztem Speck ***(Zubereitung S. 251)*** und mit Blättchen von 1 Zweig Fenchelkraut bestreichen. Salzen und pfeffern.
Knoblauch schälen. Fleisch mit 2 Knoblauchzehen, 1 Zweig Fenchelkraut und den Knochen in eine Backform legen. Im 200° heißen Backofen 10 Minuten braten. Sobald das Fleisch angebraten ist, mit Weißwein ablöschen, Ofentemperatur auf 170° reduzieren, Gemüsebrühe zugießen und 30 Minuten weiterbraten. Anschließend das Fleisch unter dem sehr heißen Backofengrill ca. 5 Minuten knusprig braten. Bratenfond beiseitestellen.
50 ml Olivenöl erhitzen. Basilikum, 1 Knoblauchzehe, Minze und Zucchinistreifen zugeben und bei kleiner Hitze einige Minuten andünsten. Grüne Bohnen, Kartoffelwürfel und die Linsen untermischen. Mit Salz und Pfeffer abschmecken.
Kalte Pasta in einer Schüssel mit dem warmen Gemüse und der Tomatenmischung mischen. Von der Thunfischsauce ***(Zubereitung unten)*** einige Löffel zum Anrichten beiseitestellen, den Rest mit dem Pesto ***(Zubereitung S. 221)*** unter den Salat heben. Mit etwas Olivenöl beträufeln. Den Schweinebraten aufschneiden, mit dem Salat und etwas Bratenfond anrichten.

Thunfischsauce

Thunfisch abtropfen lassen. Mit Ei, Kapern, Sardelle, Parmesan, Olivenöl, Bratenfond, Mayonnaise, Salz und Pfeffer mischen und im Mixer einige Minuten zu einer sämigen Sauce pürieren.

coscia di faraona, salsa di cetriolo con bietolina e menta

PERLHUHNKEULE MIT MANGOLDGEMÜSE UND -SAUCE

ZUTATEN FÜR 4 PORTIONEN

4 Perlhuhn-Oberkeulen
60 g geräucherter Speck
Salz und Pfeffer
100 g Schweinebacke in Scheiben
ca. 180 ml Olivenöl
3 Knoblauchzehen
4 Zweige Salbei
8 Zweige Rosmarin
50 ml Brandy
100 ml Gemüsebrühe
2 reife Tomaten
blanchierte Mangoldblätter
(Zutaten unten)
1 Minzeblatt
2 kleine Bio-Gurken

Mangoldsauce

1 kg kleine Mangoldblätter
1 Kartoffel
1 Knoblauchzehe
1 rote Zwiebel (z. B. Tropea)
2 Champignons
1 mittelgroße Bio-Gurke
6 EL Olivenöl
60 g Perlhuhnbrust
30 g Schweinebacke am Stück
2 Minzeblätter
400 ml Gemüsebrühe
Salz und Pfeffer
50 g Parmesan, gerieben

Weinempfehlung

Montefalco rosso, Antonelli, San Marco, Umbrien

Perlhuhnkeulen mit dem geräucherten Speck spicken. Mit Salz und Pfeffer würzen. In die Schweinebackenscheiben einwickeln und mit 100 ml Olivenöl, 2 Knoblauchzehen, 1 Salbeizweig und dem Rosmarin in eine Backform legen. Im 180° heißen Backofen 20 Minuten braten, mit Brandy ablöschen, Gemüsebrühe zugießen und 15 Minuten weitergaren. Aus dem Ofen nehmen, Schweinebackenscheiben und Kräuter entfernen. Unter dem heißen Backofengrill die Haut der Keulen knusprig braten. Tomaten waschen und in Scheiben schneiden. In 4 EL heißem Olivenöl Tomaten, Mangoldblätter, 1 Knoblauchzehe und das Minzeblatt zügig andünsten. Salzen und pfeffern.
Die Gurken waschen und längs in Scheiben schneiden. Die Mangoldsauce ***(Zubereitung unten)*** auf Tellern mit Perlhuhnkeulen, Mangold und Gurkenscheiben anrichten. Mit Bratensaft und nach Belieben etwas Olivenöl beträufeln.

Mangoldsauce

Die Mangoldblätter waschen und in kochendem Wasser blanchieren, abtropfen lassen. 300 g abwiegen, den Rest für das Mangoldgemüse ***(Zubereitung oben)*** verwenden. Kartoffel kochen, schälen und klein schneiden.
Knoblauch und Zwiebel schälen. Champignons putzen.
Gurke waschen. Zwiebel, Pilze und Gurke klein schneiden, Knoblauchzehe durchpressen. Olivenöl erhitzen. 300 g Mangoldblätter, vorbereitete Gemüse, Perlhuhnbrust, Schweinebacke und Minzeblätter darin andünsten, 100 ml Gemüsebrühe zugießen und 20–30 Minuten köcheln lassen. Mit Salz und Pfeffer würzen. Kartoffel klein schneiden, Parmesan und 300 ml Gemüsebrühe zugeben. Alles im Mixer fein pürieren. Es soll eine sämige Sauce entstehen.

tortino di albicocche, salsa di cioccolato fondente e cioccolato bianco alla vaniglia

APRIKOSEN-TÖRTCHEN MIT WEISSER UND DUNKLER SCHOKOLADENSAUCE

Rezept auf den folgenden Seiten

tortino di albicocche, salsa di cioccolato fondente e cioccolato bianco alla vaniglia

APRIKOSEN-TÖRTCHEN MIT WEISSER UND DUNKLER SCHOKOLADENSAUCE

ZUTATEN FÜR 8 PORTIONEN

3 Aprikosen
80 g Amaretti
1 EL Aprikosenkonfitüre
1 EL Amaretto
120 g Butter, weich
120 g Zucker
4 Eigelb
1 Ei
5 g Vanillezucker
200 g Mehl (Type 00)
50 g Speisestärke
20 g Backpulver
Schale von 1 Bio-Zitrone
Puderzucker

Karamell-Aprikosen

6 Aprikosen
200 g Zucker
400 ml Mineralwasser (kohlensäurehaltig)
20 g Speisestärke
50 g Butter
Saft von 1 Zitrone
2 EL Limoncello (Zitronenlikör)

Aprikosen häuten und in kleine Stücke schneiden. Amaretti zerbröckeln. Beides mit Konfitüre und Likör mischen.
Butter mit dem Zucker cremig aufschlagen. Eigelbe, Ei, Vanillezucker, gesiebtes Mehl sowie Stärke, Backpulver und fein abgeriebene Zitronenschale nach und nach zugeben.
Alles zu einem Rührteig verarbeiten. Darauf achten, dass sich keine Klümpchen bilden. Vorsichtig die Aprikosen mit dem Sud untermischen.
Den Teig in 6 gefettete, mit Mehl ausgestäubte Förmchen (ca. Ø 8 cm, Höhe 2 cm) verteilen. Im 160° heißen Backofen 20 Minuten backen.
Schokoladensauce ***(Zubereitung rechts)*** auf Dessertteller geben. Törtchen in die Sauce setzen und mit der weißen Schokoladensauce ***(Zubereitung rechts)*** einen Kontrast setzen. Die Karamell-Aprikosen ***(Zubereitung unten)*** auf den Törtchen anrichten und mit Puderzucker bestäuben.

Karamell-Aprikosen

Aprikosen waschen, abtrocknen und in Spalten schneiden. In einer Pfanne Zucker mit Mineralwasser, Stärke und Butter langsam bei kleiner Hitze aufkochen. Sobald der Zucker beginnt, Farbe anzunehmen, vom Herd nehmen und Zitronensaft und Limoncello zugießen, wieder auf den Herd stellen, Aprikosenspalten zugeben und 2–3 Minuten karamellisieren lassen.

Weiße Schokoladensauce

½ Vanilleschote
200 g Milch
100 g Sahne
50 g Zucker
5 Eigelb
100 g weiße Schokolade

Dunkle Schokosauce

100 g Zucker
100 g Kakaopulver
50 ml Milch
150 g Sahne
1 Stiel Minze
2 EL Orangenlikör

Weinempfehlung

Caldaia Orvieto classico superiore passito, Barberani, Umbrien

Weiße Schokoladensauce

Vanilleschote aufschneiden, Mark herausschaben. Beides mit Milch und Sahne aufkochen und 5 Minuten köcheln lassen. Zucker mit Eigelben in einer Metallschüssel verrühren, Schokolade in kleine Stückchen schneiden und zugeben. Eigelbmasse über dem heißen Wasserbad aufschlagen, bis die Schokolade geschmolzen ist. Heiße Milch langsam in dünnem Strahl zugießen und 10 Minuten bei kleiner Hitze über dem Wasserbad mit einem Holzlöffel rühren. Die Sauce darf nicht kochen. Metallschüssel in Eiswasser stellen und die Sauce kalt schlagen. Kalte Sauce durch ein Sieb streichen.

Schokosauce

Zucker mit 200 ml Wasser aufkochen, Kakaopulver einrühren. Die Hitze reduzieren und Milch sowie Sahne zugießen. Mit einem Schneebesen unter Rühren 5 Minuten köcheln lassen. Vom Herd nehmen, Minze und Orangenlikör zugeben und abkühlen lassen. Schokosauce durch ein Sieb in eine Schüssel streichen.

Maria Luisa sagt:

„Die Pfirsiche brauchen die Wärme der Sommersonne, damit sie ihren aromatischen Duft entfalten können. Die Farbe spielt keine Rolle, sondern nur ihr Aroma.
Wer sich die Zubereitung eines Karamells nicht zutraut, kann die Pfirsichspalten auch ohne Karamell anrichten. Sie werden nicht denselben Duft entfalten, aber köstlich sind sie auf jeden Fall."

parfait di ciliegie

KIRSCHEN-PARFAIT

ZUTATEN FÜR 4 PORTIONEN

500 g Sauerkirschen **(z. B. Vignola)**
1 l Sirup **(Zutaten unten)**
150 g Zucker
Saft von 3 Zitronen
2 Eiweiß
250 g Sahne
30 ml Kirschlikör

Sirup

350 g Zucker
Schale von 3 Bio-Zitronen

Weinempfehlung

Moscato d'Asti Biancospino, La Spinetta, Piemont

Kirschen waschen und entsteinen. 4 Kirschen beiseitelegen. Kirschen in 500 ml Sirup, Zucker und einem Drittel Zitronensaft 10 Minuten kochen. Kirschen im Mixer zerkleinern, 500 ml Sirup und restlichen Zitronensaft zugießen und verrühren. 1 Stunde in den Kühlschrank stellen.
Eiweiß und Sahne getrennt steif schlagen. Sahne und Kirschlikör vorsichtig unter den Eischnee heben. Beides vorsichtig mit der Kirschmasse mischen. In eine Eismaschine füllen und nach Anleitung zubereiten.
Kirsch-Parfait sofort in kalten Dessertgläsern anrichten und mit 1 Kirsche garniert servieren.

Sirup

Zucker mit 1 l Wasser bei kleiner Hitze aufkochen und 15 Minuten köcheln lassen. Vom Herd nehmen, Zitronenschale zugeben und zugedeckt 3 Stunden ziehen lassen. Den Sirup abseihen.

Maria Luisa sagt:
„Der Sirup kann im Kühlschrank eine Woche aufbewahrt werden. Dieser Sirup kann auch zum Beträufeln von Kuchen verwendet werden, z. B. für die torta della nonna in der zuppa inglese.“ (Rezept S. 208)

torta di pere e uvetta al profumo di cannella, salsa di pere e vinsanto

BIRNEN-ZIMT-KÜCHLEIN MIT VINSANTO-SAUCE

ZUTATEN FÜR 6 PORTIONEN

80 g Rosinen
40 ml Rosenlikör mit Zimt
(Liquore Rosolio di cannella)
300 g Walnusskerne
4 Eier, getrennt
100 g Butter
5 g Vanillezucker
150 g Zucker
abgeriebene Schale von 1 Bio-Zitrone
200 g Mehl
25 g Backpulver

Rosinen 1 Stunde im Likör einweichen. Walnüsse hacken. Eiweiß steif schlagen. Butter über dem heißen Wasserbad schmelzen. Eigelbe einzeln unterrühren, dann Walnüsse, Vanillezucker, Zucker, Zitronenschale, Mehl, Rosinen mit Likör und Backpulver unterrühren. Zum Schluss den Eischnee unterheben. 6 Förmchen (ca. Ø 8 cm, Höhe 2 cm) fetten und mit Mehl ausstäuben. Den Teig darin verteilen und im 160° heißen Backofen 20 Minuten backen. Etwas abkühlen lassen und aus den Förmchen nehmen.
Vinsanto-Sauce ***(Zubereitung unten)*** auf Teller verteilen. Die Küchlein daraufsetzen und mit Birnenspalten belegen. Nach Belieben mit Puderzucker und Zimt bestäubt garnieren.

Vinsanto-Sauce

200 g Weintrauben (z. B. Muskat)
6 Birnen
200 ml Sirup (Rezept S. 261)
2 EL Puderzucker
100 ml Vin Santo
Saft von 1 Zitrone
1 EL gemahlener Zimt

Vinsanto-Sauce

Trauben waschen. 1 Birne schälen und klein würfeln. Sirup ***(Zubereitung S. 261)*** mit Puderzucker aufkochen. Sobald der Zucker zu karamellisieren beginnt, Vin Santo, Trauben, Birne, Zitronensaft zugeben und 15 Minuten köcheln lassen. Im Mixer zerkleinern und durch ein Sieb streichen.
5 Birnen schälen, in schmale Spalten schneiden und mit dem Zimt in der Sauce 8 Minuten köcheln lassen.

Weinempfehlung

Arquata Vin Santo,
Adanti, Umbrien

Maria Luisa sagt:
„Für die Sauce empfehle ich Muskat-Trauben, sie haben am meisten Aroma. Rosolio di cannella kann auch durch einen anderen Zimtlikör ersetzt werden."

Im Herbst wird gegessen, was von den Bäumen fällt, sich unter buntem Laub versteckt – und wild durch die Wälder streift.

l'autunno [au'tunno] *m*

DER HERBST

l'autunno [au'tunno] *m*

DER HERBST

Als wir in das Kapitel Herbst aufbrechen, ist es Ende Oktober und es ist tatsächlich Herbst. Goldener Dunst liegt über der Ebene, aus Dörfern und Weilern auf den Hügeln stiegen dünne Rauchsäulen auf und es duftet nach Holzfeuer. Die sich verfärbenden Bäume leuchten gelber als die Sonne und die Wolken inszenieren Theatralisches. Ferne Schüsse und das Bellen von Hunden wehen aus den Wäldern herüber und das steht in direktem Zusammenhang mit dem Wildangebot auf Maria Luisas Speisekarte. Es ist Jagdsaison und der Liebhaber ausgedehnter Verdauungsspaziergänge sei hiermit gewarnt. Man könnte ihn für einen Fasan oder – je nach Körperbau und -umfang – für einen Hirsch oder ein Wildschwein halten.

Wir versuchen uns die Autobahn, die Outlet-Stores und ein paar Jahrhunderte wegzudenken und finden, dass es hier im Herbst 1711 nicht wesentlich anders ausgesehen haben kann. Viele Umbrer werden damals mit denselben Dingen beschäftigt gewesen sein wie ihre Nachfahren in diesen Tagen: mit dem Ernten der Früchte der Felder: Jetzt ist die Zeit des weißen Winterblumenkohls und des Fenchel. Der schwarze Staudensellerie, der berühmte *sedano di Trevi*, der immer am Karfreitag bei abnehmendem Mond ausgesät wird, wartet in strammer Haltung auf das scharfe Messer von Signore Bartolomei und Sie werden lernen, dass dieser berühmte schwarze Staudensellerie so schwarz ist, wie die weiße Trüffel weiß. Es gibt roten *cicoria* von violetter Farbe und gesprenkelte, im Sommer vergessene *borlotti*-Bohnen, die noch voller Spannkraft in den verdorrt aussehenden Schoten liegen. Es gibt natürlich auch viele Wintergemüsesorten, die auf deutschen Feldern nicht wachsen. Zum Beispiel die archaisch aussehenden gigantischen *gobbi* (Kardone) und die hübsche *puntarella*, die an eine rassigere Verwandte des Löwenzahn erinnert. Der Kürbis ist hier schon passé. Und Maria Luisa, deren Herz für alles Essbare, was so wächst, ja prinzipiell sehr, sehr groß ist, trauert ihm nicht besonders nach.

Abseits der bestellten Felder wächst der hübscheste aller essbaren Pilze, der orangerote Kaiserling! Sein Schirm leuchtet rotorange wie die Robe des letzten chinesischen Herrschers. An den Stämmen der Kastanien wachsen in dichten Gruppen niedliche *pioppini*-Pilze, sie sind wohl nicht gern allein. Es gibt weiße Trüffel! Weiße! Wo die wachsen, verrät uns natürlich niemand. Es erstaunt uns nicht im Geringsten, dass der Herbst Maria Luisas Lieblingsjahreszeit ist. Eine solche Fülle an Düften und intensiven Aromen gibt es nur jetzt, und Maria Luisa verbringt noch mehr Zeit in der Küche als sonst.

Wir können den Oktober vor allem deshalb kaum erwarten, weil die Olivenernte beginnt. Der Sommer war zwar nicht groß, aber heiß war er. Viel zu heiß und viel zu trocken, so sagt Luisa. Deshalb ist in diesem Jahr alles kleiner ausgefallen. Auch die Oliven. Kleiner ist jedoch auch im Fall von Oliven gleichbedeutend mit feiner. Man kennt das ja vom Wein und vom Menschen kennt man's auch: Mit Widrigkeiten kämpfen zu müssen, stärkt den Charakter. Schade ist es nur, dass es hier keine irdische Gerechtigkeit für die Erzeuger gibt. Der geringere Ertrag wird nicht durch einen angemessen höheren Preis ausgeglichen werden. Ein bisschen enttäuscht sind wir vom Wetter. In unseren nördlichen Zuhauses hofften wir, Spätsommertagen entgegenzufahren; die größeren Optimisten packten sogar die Badehose ein, doch am 22. Oktober anno 2011 liegt der Pool bereits unter seiner Kuscheldecke, vor dem Gartenhaus türmt sich Kaminholz zwei Meter hoch und in den Zimmern sind die Heizungsrohre warm. Die Mittagssonne hat es jedoch in sich – wenn sie denn scheint. Unter wohligen Seufzern legt man den Mantel ab und erleichtert damit den letzten zähen Moskitos den Zugang zu teutonischem Blut. So kommen wir nach nur fünf umbrischen Spätherbsttagen gemeinsam auf nicht weniger als 47 Mückenstiche.

In den Wäldern um Foligno ist Jagdsaison: Die Wildschweine jagen fette Eicheln.

Hinter uns liegt ein heißer, trockener Sommer und vor uns Maria Luisas liebste Jahreszeit. Im Speisesaal stiehlt ein Kaminfeuer den Tellern manchmal für einen Augenblick die Schau.

An der langen Tafel vor Angelo Scolastras Wurstwerkstatt hat es sich möglicherweise schon der selige Conte Roncalli gut gehen lassen. Er hätte danach mal fegen können.

sedano nero di Trevi farcito con chianina, salsa di sedano e cavolfiore bianco autunnale

MIT RINDFLEISCH GEFÜLLTER STAUDENSELLERIE UND BLUMENKOHLSAUCE

Rezept auf den folgenden Seiten

sedano nero di Trevi farcito con chianina, salsa di sedano e cavolfiore bianco autunnale

MIT RINDFLEISCH GEFÜLLTER STAUDENSELLERIE UND BLUMENKOHLSAUCE

ZUTATEN FÜR 4 PORTIONEN

800 g Sedano nero di Trevi (Staudensellerie)
400 g Rindfleisch (z. B. Chianina)
70 g Hähnchenbrustfilet
100 g Schweinefilet
1 Knoblauchzehe
3 Eier
150 g Parmesan, gerieben
9 EL Olivenöl
Salz und Pfeffer
Muskatnuss, gerieben
1 Schweineknochen
je 1 Zweig Rosmarin und Salbei
10 g gemischte Pfefferbeeren
100 ml Weißwein
1 l Gemüsebrühe

Blumenkohlsauce

80 g Schalotten
1 ½ Knoblauchzehen
70 g Wiesenchampignons
150 g Staudensellerie
9 EL Olivenöl
20 g Schweinebacke am Stück
250 g Blumenkohl
je 1 Zweig Rosmarin und Thymian
100 ml Weißwein
300 ml Gemüsebrühe
1 Kartoffel, gekocht
60 g Parmesan, gerieben
Salz und Pfeffer

Weinempfehlung

Roero Arneis, Carlo Giacosa, Barberesco, Piemont

Die harten äußeren Selleriestangen entfernen. Sellerie waschen und abtrocknen. Das obere Viertel des Selleries abschneiden. Selleriestangen mit einem Sparschäler entfädeln. Alle Fleischsorten durch den Fleischwolf drehen. Knoblauch schälen und durchpressen. Mit Eiern, Parmesan, 8 EL Olivenöl, Salz, Pfeffer und Muskat zum Fleisch geben und zu einer homogenen Masse mischen.
Selleriestangen vorsichtig auseinanderdrücken und die Hackmasse ins Innere füllen. Stangen außen leicht salzen und pfeffern. Ein großes Stück Alufolie mit Olivenöl bestreichen und die Selleriestaude in die Folie wickeln.
Mit der Spitze eines Messers kleine Löcher in die Folie stechen. Sellerie mit Schweineknochen, Rosmarin, Salbei und gemischtem Pfeffer im 200° heißen Backofen 15 Minuten garen. Mit Wein ablöschen, Gemüsebrühe zugießen und weitere 20 Minuten garen. Aus dem Ofen nehmen, Alufolie entfernen und den Sellerie 2 Minuten ruhen lassen. Staudensellerie in Scheiben schneiden, mit etwas Bratensaft beträufelt auf Tellern anrichten. Die Blumenkohlsauce ***(Zubereitung unten)*** dazugießen und nach Belieben mit einem Sellerieblatt garnieren.

Blumenkohlsauce

Schalotten und ½ Knoblauchzehe schälen, Pilze putzen, alles fein schneiden. Staudensellerie putzen, waschen, entfädeln und klein schneiden. 4 EL Olivenöl erhitzen und das vorbereitete Gemüse mit der Schweinebacke bei kleiner Hitze 10 Minuten dünsten. Blumenkohl waschen und in Stücke schneiden. In einer Pfanne 3 EL Olivenöl mit Rosmarin, Thymian, 1 Knoblauchzehe und Blumenkohl andünsten. Mit Wein ablöschen und 10 Minuten zugedeckt köcheln lassen. Brühe zugießen und weitere 5 Min. zugedeckt köcheln lassen. Schweinebacke aus der Gemüsemischung entfernen. Diese dann mit Blumenkohl, geschälter und klein geschnittener Kartoffel sowie Parmesan im Mixer pürieren, mit Salz und Pfeffer würzen. Die Sauce in einen Topf durchsieben und 2 EL Olivenöl zugießen.

Maria Luisa sagt:
„Die Staudenselleriestangen unbedingt mit einem Sparschäler entfädeln. Außerhalb Umbriens funktioniert das Rezept natürlich auch mit dem deutschen Bleichsellerie. Da dieser aber nicht so zart ist wie der sedano nero di Trevi, sollte er vor dem Befüllen ein paar Minuten blanchiert werden."

zuppa di fagioli borlotti, sformato di sedano e cipolla dolce di Cannara

BORLOTTI-SUPPE MIT SELLERIE-FLAN UND PARMESAN-MERINGUE

Rezept auf den folgenden Seiten

zuppa di fagioli borlotti, sformato di sedano e cipolla dolce di Cannara

BORLOTTI-SUPPE MIT SELLERIE-FLAN UND PARMESAN-MERINGUE

ZUTATEN FÜR 4 PORTIONEN

800 g frische Borlotti-Bohnen
(brutto oder 300 g getrocknete)
evtl. 1 EL grobes Meersalz
11 EL Olivenöl
Salz und Pfeffer
120 g milde Zwiebeln
2 Knoblauchzehen
20 g Möhre
60 g Staudensellerie
1 kleine Schweinerippe (50 g)
1 Scheibe Schinken (25 g)
3 mittelgroße Kartoffeln, gekocht
1 Zweig Salbei
1 l Gemüsebrühe
1 EL gehackte Petersilie
500 ml Erdnussöl
1 Zwiebel

Frische Bohnen palen. Getrocknete Bohnen 12 Stunden in lauwarmem Wasser mit 1 EL grobem Salz einweichen, anschließend abgießen.

Bohnen in einen Topf geben, mit Wasser bedecken und 2 Stunden mit 2 EL Olivenöl, Salz und Pfeffer kochen.

Inzwischen Zwiebeln, 1 Knoblauchzehe, Möhre schälen. Sellerie putzen, entfädeln und waschen. Alles klein schneiden. In 6 EL heißem Olivenöl mit Schweinerippe und Schinken bei kleiner Hitze 30 Minuten andünsten, nach Belieben salzen und pfeffern.

Borlottibohnen abgießen, das Kochwasser dabei auffangen. 2 Kartoffeln zerkleinern. In einer Pfanne 2 EL Olivenöl erhitzen. Bohnen, 1 Knoblauchzehe, zerkleinerte Kartoffeln und Salbei anbraten. Salbei entfernen und die Bohnen zur Zwiebel-Sellerie-Mischung geben. Bohnenwasser und Gemüsebrühe zugießen. Mit Salz und Pfeffer abschmecken. Die Schweinerippe und den Schinken entfernen. Einige Bohnen herausnehmen und beiseitelegen, die Suppe pürieren.

1 Kartoffel sehr fein würfeln. Mit beiseitegelegten Borlottibohnen in 1 EL heißem Olivenöl mit gehackter Petersilie andünsten. Mit Salz und Pfeffer abschmecken.

Erdnussöl erhitzen. 1 Zwiebel schälen, in dünne Streifen schneiden und im heißen Öl frittieren.

Bohnensuppe in Suppenteller verteilen und je 1 Sellerie-Flan ***(Zubereitung rechts)*** in die Suppe stürzen. Mit Parmesan-Meringue ***(Zubereitung rechts)***, etwas Kartoffel-Bohnen-Mischung und frittierten Zwiebelstreifen anrichten.

Sellerie-Flan

250 g Kartoffeln
200 g Porree
5 EL Olivenöl
1 Stück Schweinebacke (25 g)
1 Zweig Thymian
20 g Butter
Salz und Pfeffer
200 ml Gemüsebrühe
50 g Maismehl
120 g Parmesan, gerieben
300 g Sahne
8 Eigelb
500 g Staudensellerie

Parmesan-Meringue

50 g Butter, weich
100 g Parmesan, gerieben
2 Eiweiß
6 EL Mehl (Type 0)
1 TL Olivenöl
Salz und Pfeffer

Weinempfehlung

Nero Outsider,
Arnaldo Caprai, Umbrien

Sellerie-Flan

Kartoffeln in kochendem Wasser 20 Minuten garen. Inzwischen Porree putzen, waschen, in Ringe schneiden und blanchieren. In Eiswasser abschrecken und abtropfen lassen. Kartoffeln schälen und in große Stücke schneiden. 4 EL Olivenöl erhitzen. Kartoffeln, Schweinebacke, Porree und Thymian darin andünsten. Butter darin schmelzen, salzen und pfeffern. Gemüsebrühe und Maismehl zugeben und 5 Minuten köcheln lassen. Das Gemüse soll gut durchgekocht sein. Schweinebacke entfernen. Alles im Mixer grob pürieren. Parmesan, Sahne und Eigelbe unterrühren. Selleriestangen waschen, putzen, entfädeln und mit der Aufschnittmaschine oder mit einem scharfen Messer längs in dünne und ca. 2 cm breite Streifen schneiden. 4 Förmchen (Ø 8 cm, Höhe 6 cm) buttern und mit Mehl bestäuben. Förmchen mit Selleriestreifen auslegen, Gemüsemasse hineinfüllen. Im 140° heißen Backofen im Wasserbad ca. 30 Minuten stocken lassen.

Parmesan-Meringue

Butter mit Parmesan gut vermischen. Eiweiß steif schlagen. Mehl und Olivenöl unter die Buttermasse mischen, Eischnee unterheben. Mit Salz und Pfeffer abschmecken. Ein Backblech mit Backpapier belegen. Mit einem Löffel oder einem Spritzbeutel kleine Tupfen mit einem Abstand zueinander auf das Backblech legen bzw. spritzen. Im 120° heißen Ofen 15–20 Minuten backen. Sie sind fertig, sobald sie goldgelb sind.

Maria Luisa sagt:

„Wenn Sie getrocknete Bohnen verwenden, müssen diese vor dem Kochen eingeweicht werden, am besten über Nacht. Da die Bohnen während des Kochens ihr Volumen vergrößern, unbedingt einen hohen, großen Topf verwenden. Kontrollieren Sie, ob das Bohnenkochwasser für die Weiterverwendung nicht zu salzig ist, dies könnte den Geschmack der Bohnensuppe verändern.“

Maria Luisa, Marie Theres, Alessio und Judith beraten, ob man prinzipiell besser eins nach dem anderen machen sollte oder das andere nach dem einen.

Hier geschieht allerhand gleichzeitig: Hülsenfrüchte und Getreide weichen synchron für eine urumbrische Gemüsesuppe ein.

zuppa al rancetto con legumi misti e spaghetti spezzettati

GEMÜSESUPPE MIT HÜLSENFRÜCHTEN UND SPAGHETTI

ZUTATEN FÜR 8 PORTIONEN

200 g gemischte getrocknete Hülsenfrüchte
Salz und Pfeffer
100 g Möhren
80 g Zwiebel
1 Knoblauchzehe
80 g Staudensellerie
120 g Speck
400 ml Olivenöl
300 g Schinkenknochen
600 ml Gemüsebrühe
1 Kartoffel, geschält
100 g reife Tomaten
Chili (nach Geschmack)
1 Bouquet garni mit Rosmarin, Salbei und Majoran
100 g Spaghetti
60 g Parmesan, gerieben
40 g Pecorino, gerieben

Weinempfehlung
Chianti classico Riserva, Banfi, Toskana

Die Hülsenfrüchte in lauwarmem, leicht gesalzenem Wasser über Nacht einweichen lassen und abgießen. Mit Wasser bedeckt 2 Stunden kochen lassen, nach Bedarf salzen und pfeffern.
Möhren, Zwiebel und Knoblauch schälen. Sellerie waschen, putzen und entfädeln. Alles getrennt sehr fein würfeln.
Den Speck ebenfalls in sehr feine Würfel schneiden.
100 ml Olivenöl erhitzen. Zwiebel, Sellerie und Möhren mit Schinkenknochen bei kleiner Hitze anbraten. 200 ml Gemüsebrühe zugießen und ca. 1 Stunde köcheln lassen. Nach 40 Minuten die rohe Kartoffel hineinreiben.
Tomaten waschen und das Fruchtfleisch zerschneiden.
In einer Pfanne 50 ml Olivenöl erhitzen. Speck und Knoblauch darin andünsten, Tomatenfleisch zugeben und 15 Minuten bei kleiner Hitze köcheln lassen. Salzen, nach Geschmack mit Chili würzen.
Hülsenfrüchte mit dem Bouquet garni in 250 ml erwärmtem Olivenöl ziehen lassen, sodass die Hülsenfrüchte das Aroma der Kräuter annehmen.
Hülsenfrüchte mit der Tomaten-Speck-Mischung zur Zwiebel-Sellerie-Mischung geben. 400 ml Gemüsebrühe zugießen und weitere 15 Minuten köcheln lassen
Inzwischen Spaghetti zerbrechen und in der Suppe garen. Parmesan und Pecorino zugeben.
In Suppentellern anrichten. Nach Belieben mit Olivenöl beträufeln und mit frisch gemahlenem Pfeffer würzen.

Maria Luisa sagt:
„Dies ist ein sehr altes umbrisches Rezept, das mich an meine Kindheit erinnert. Hülsenfrüchte wurden in der Arme-Leute-Küche verarbeitet, da sie nicht teuer, aber reich an Geschmack sind."

gnocchi di patate con tartufo bianco, piave stagionato e salsa fonduta

GNOCCHI MIT WEISSER TRÜFFEL UND KÄSESAUCE

ZUTATEN FÜR 4 PORTIONEN

750 g Kartoffeln
190 g Parmesan, gerieben
Salz und Pfeffer
geriebene Muskatnuss
250 g Mehl (Type 0)
150 g frische weiße Trüffel
200 g Butter, weich
1 EL Olivenöl
weißer Pfeffer
40 g gereifter Piave-Käse

Käsesauce

100 halb gereifter oder milder Piave-Käse (ersatzweise Fontina)
1 Knoblauchzehe
30 g Butter
150 ml Milch
50 g Sahne
4 Eigelb
weißer Pfeffer
40 g weiße Trüffel

Weinempfehlung

Poliziano, Vino Nobile di Montepulciano, Toskana

Kartoffeln in kochendem Wasser in ca. 20 Minuten garen. Noch warm schälen und durch die Kartoffelpresse drücken. Die warme Kartoffelmasse mit 70 g Parmesan, Salz, Pfeffer und Muskat mischen. Zum Schluss das Mehl zugeben und zügig mit den Händen zu einem glatten, weichen Teig verarbeiten. Den Teig in Stücke teilen. Daraus 5 mm dicke Teigrollen formen und in längliche Stücke schneiden.
Einen Topf mit Salzwasser zum Kochen bringen. Gnocchi darin gar ziehen lassen, bis sie an der Oberfläche schwimmen. Mit einer Schaumkelle herausheben.
Inzwischen 40 g Trüffel grob raspeln. In einer Schüssel mit Butter, Olivenöl, 120 g Parmesan, Salz und weißem Pfeffer mischen und mit einem Holzlöffel zu einer weichen, cremigen Masse rühren.
Die gegarten Gnocchi mit der Trüffel-Butter-Masse in eine Pfanne geben und 2 Minuten bei kleiner Hitze erwärmen. Piave-Käse in Späne hobeln.
Gnocchi mit der Käsesauce ***(Zubereitung unten)*** auf Tellern anrichten. Restliche Trüffel darüberhobeln, Piave-Spänen darüberstreuen und mit weißem Pfeffer übermahlen.

Käsesauce

Käse klein schneiden und 2 Stunden bei Zimmertemperatur ruhen lassen.
Knoblauch halbieren und mit seinen Schnittflächen eine Metallschüssel einreiben. Metallschüssel über ein heißes Wasserbad stellen. Käse und Butter unter ständigem Rühren darin mit einem Holzlöffel oder mit einem Schneebesen langsam schmelzen lassen. Nach und nach Milch und Sahne zugießen und weiterrühren. Eigelbe einzeln unterschlagen und weiterschlagen, bis eine dicke Creme entstanden ist. Darauf achten, dass die Masse nicht zu heiß wird, weil sonst das Eigelb gerinnt. Nach Bedarf mit Pfeffer abschmecken. Die Trüffel hineinhobeln.

Der vornehmste aller Knollenpilze trägt in Umbrien nicht nur zu Fototerminen traditionell ein klassisches, dunkelblau kariertes Küchentuch und eine elegantere Begleitung für die weiße Trüffel als ihre eigenen Kartoffelgnocchi kann Maria Luisa sich nicht vorstellen.

pizzoccheri al pomodoro, peperoncino fresco e funghi porcini

PIZZOCCHERI MIT STEINPILZEN UND TOMATEN

ZUTATEN FÜR 4 PORTIONEN

300 g Steinpilze
200 g Tomaten
30 g Petersilie
3 Knoblauchzehen
2 Chilischoten
150 ml Olivenöl
Salz und Pfeffer
50 g Parmesan, gerieben
100 g Pecorino, gerieben

Pizzoccheri (Buchweizennudeln)

100 g Buchweizenmehl
400 g Mehl (Type 0)
2 Eiweiß
2 EL Olivenöl
1 Eigelb

Weinempfehlung

Vigna del Vassallo,
Colle Picchioni, Latium

Steinpilze putzen. Die Stiele fein schneiden und die Pilzköpfe in nicht zu feine Scheiben schneiden. Tomaten in Stücke schneiden. Petersilie hacken. Knoblauch schälen, Chili putzen. Knoblauch und Chili in einer Pfanne in 100 ml Olivenöl anrösten. Sobald der Knoblauch goldgelb ist, Chili entfernen, die Pfanne vom Herd nehmen. Steinpilzstiele, Tomaten und Petersilie zugeben und weitere 10 Minuten andünsten, salzen.
Pizzoccheri ***(Zubereitung unten)*** in die Pfanne geben und gründlich untermischen.
50 ml Olivenöl erhitzen und die Steinpilzscheiben 2 Minuten scharf anbraten. Salzen und pfeffern. Parmesan und Pecorino untermischen.
Pizzoccheri mit den gebratenen Steinpilzen anrichten. Nach Belieben mit Petersilieblättchen und Chili garnieren.

Pizzoccheri

Mehlsorten auf der Arbeitsfläche mischen, in die Mitte eine Mulde drücken. Eiweiß halb steif schlagen. Mit Olivenöl und Eigelb in die Mulde geben. Nach und nach so viel Wasser zugießen, dass ein weicher und kompakter Teig entsteht. Teig ca. 1–2 mm dick ausrollen. In 1 cm breite und ca. 5 cm lange Nudelstreifen schneiden. Nudeln in kochendem Salzwasser ca. 10 Minuten garen, abgießen und abtropfen lassen.

Maria Luisa sagt:
„Bei der Zubereitung des Teigs auf die Wassermenge achten. Der Teig darf nicht zu weich werden. Wer dunklere Nudeln mag, kann den Buchweizenanteil erhöhen und den Weißmehlanteil verringern. Die Sauce sollte flüssig sein, damit die Pizzoccheri nicht zusammenkleben. Fleischige, reife und süße Tomaten verwenden. Wenn nötig, ein wenig Zucker zugeben."

zuppa di ortaggi autunnali con galletti e scorfano al finocchietto

HERBSTLICHE GEMÜSESUPPE MIT PFIFFERLINGEN UND DRACHENKOPFFILET

ZUTATEN FÜR 4 PORTIONEN

80 g getrocknete Kichererbsen
grobes Meersalz
100 g Porree
2 Drachenkopffische (ca. 500 g)
2 Kartoffeln
360 ml Olivenöl
Salz und Pfeffer
70 g Staudensellerie
100 g rote Zwiebeln
2 Knoblauchzehen
25 g Schweinebacke am Stück
1 Lorbeerblatt
3 Zweige Rosmarin
60 g Parmesan, gerieben
200 g Pfifferlinge
1 EL Essig
1 TL Pfefferkörner
1 Zweig wildes Fenchelkraut
150 g Datteltomaten

Weinempfehlung
Bianco Breg Anfora,
Gravner, Friaul

Die Kichererbsen 12 Stunden in lauwarmem Wasser mit 1 EL grobem Meersalz einweichen, anschließend abgießen.
Porree putzen, waschen und in Ringe schneiden. Anschließend blanchieren, abschrecken und abtropfen lassen. Fische waschen, putzen, filetieren und entgräten. Karkassen aufbewahren.
Kartoffeln schälen. Mit Kichererbsen 1 Stunde in kochendem Wasser mit 100 ml Olivenöl garen, evtl. salzen und pfeffern.
Kartoffeln herausnehmen und klein würfeln. Kichererbsen durch ein Sieb abgießen, dabei 100 ml Kochsud auffangen.
Staudensellerie waschen, putzen und entfädeln. Zwiebeln und 1 Knoblauchzehe schälen, alles klein schneiden. Mit Porree und Schweinebacke in einer Pfanne in 100 ml heißem Olivenöl 10 Minuten andünsten. Karkasse und Lorbeerblatt zugeben und 15 Minuten weiterdünsten.
Kichererbsen in 50 ml Olivenöl mit 1 Rosmarinzweig und gewürfelten Kartoffeln andünsten. Salzen und pfeffern.
Alles zum Gemüse geben. Karkasse, Lorbeer, Rosmarin und Schweinebacke entfernen. Alles mit Parmesan im Mixer zu einer sämigen Suppe pürieren. Das beiseitegestellte Kichererbsenwasser unterrühren.
Die Pilze gründlich putzen. Essig, 1 EL grobes Salz, 1 Knoblauchzehe, Pfefferkörner und 20 ml Olivenöl aufkochen, Pilze 5 Minuten darin ziehen lassen. Unter fließend kaltem Wasser 2 Minuten abkühlen und gut abtropfen lassen.
Pilze in einer Pfanne mit 50 ml Olivenöl, 2 Rosmarinzweigen erwärmen. Mit Salz und Pfeffer abschmecken.
Die Filets mit dem Fenchelkraut in 40 ml Olivenöl zuerst auf der Hautseite anbraten, dann wenden und fertig braten. Tomaten waschen und klein schneiden. Fisch salzen und pfeffern, Tomaten zugeben und kurz mitbraten.
Die Suppe in Suppentellern anrichten. Nach Belieben Lorbeerblätter in die Mitte legen und je 1 Fischfilet mit Tomatenstückchen darauflegen. Pfifferlingen dazugeben und nach Belieben mit Olivenöl beträufeln.

Der Drachenkopf ist ein recht fetter Fisch und eignet sich sehr gut für die Zubereitung von Suppen. Bei uns heißt der Drachenkopf Knurrhahn.

quaglie con bacche di ginepro e pioppini su cialda di parmigiano con mantecato di finocchio, cavolfiore bianco baby

WACHTELN MIT FENCHEL-BLUMENKOHL UND PILZEN AUF PARMESANWAFFEL

ZUTATEN FÜR 4 PORTIONEN

4 Wachteln (800 g)
350 ml Olivenöl
2 ½ Zweige Rosmarin
2 Zweige Salbei
Salz und Pfeffer
80 g Speck in Scheiben
6 Knoblauchzehen
100 ml Rotweinessig
150 ml Weißwein
40 g Wacholderbeeren
2 Lorbeerblätter
400 g Baby-Blumenkohl
2 Fenchelknollen
Petersilie, gehackt
250 g Pioppini-Pilze (Samthauben-Pilz)
1 EL Essig
1 EL grobes Salz
1 TL Pfefferkörner

Parmesanwaffeln

100 g Parmesan, gerieben

Weinempfehlung

Antano Sagrantino Montefalco, Colleallodole, Umbrien

Die Wachteln ausnehmen, waschen, putzen und abtrocknen. 50 ml Olivenöl erwärmen, mit Wachtelleber, je ½ Rosmarin- und Salbeizweig leicht andünsten, damit sich die Aromen gut vermischen. Mit Salz und Pfeffer abschmecken. Wachteln mit Speckscheiben, je ½ Knoblauchzehe, der Marinade aus Rosmarin, Salbei und Leber füllen. Wachteln mit Holzstäbchen oder Küchengarn verschließen bzw. zunähen. Die Wachteln mit Essig, Weißwein, 150 ml Olivenöl, je 1 Rosmarin- und Salbeizweig und 2 Knoblauchzehen in einer Pfanne 10 Minuten anbraten, salzen und pfeffern. Wacholderbeeren und Lorbeerblätter zugeben und 15 Minuten weiterbraten. Die Wachteln aus der Pfanne nehmen und unter dem heißen Backofengrill knusprig braten.
Blumenkohl putzen und in leicht gesalzenem Wasser bissfest garen. Abgießen und in kleine Röschen zerteilen. Fenchel putzen, waschen und klein schneiden.
100 ml Olivenöl erwärmen und mit 1 Knoblauchzehe, Rosmarinzweig, Fenchel, 150 g Blumenkohl und Petersilie gut vermischen.
Pioppini-Pilze gründlich putzen. Essig, grobes Salz, 1 Knoblauchzehe, Pfefferkörner und 20 ml Olivenöl aufkochen, Pilze 5 Minuten darin ziehen lassen. Unter fließend kaltem Wasser 2 Minuten abkühlen und gut abtropfen lassen.
30 ml Olivenöl erhitzen, die restlichen Blumenkohlröschen mit den Pilzen kräftig anbraten, mit Salz und frisch gemahlenem Pfeffer abschmecken.
Die Parmesanwaffeln ***(Zubereitung unten)*** auf Teller legen. Wachtel mit Bratensaft darauflegen, Blumenkohl-Fenchel-Gemüse und Pilze dazu anrichten. Mit Lorbeer garnieren.

Parmesanwaffeln

Eine beschichtete Pfanne erhitzen. Eine Schicht Parmesan zu einem Kreis (Ø 10 cm) hineinstreuen und schmelzen lassen. Käse mit einem Pfannenheber auf eine glatte Arbeitsfläche legen und auskühlen lassen.

coscia di anatra, uva caramellata, goccioline di aceto balsamico e salsa di rape

ENTENKEULEN MIT KARAMELLISIERTEN TRAUBEN, RAPPA-SAUCE UND KARTOFFELPÜREE

ZUTATEN FÜR 4 PORTIONEN

4 Entenkeulen (küchenfertig)
60 g gewürzter Speck (Rezept S. 251)
2 Knoblauchzehen
1 Zweig Rosmarin
1 Zweig Salbei
100 ml Olivenöl
Salz und Pfeffer
100 ml Weißwein (z. B. Muffato della Sala)
1 l Gemüsebrühe
20 g schwarze Pfefferkörner
1 EL Honig
200 g helle Weintrauben
1 EL Rohrzucker
60 g Butter
50 ml alter, gereifter Aceto balsamico

Rappa-Sauce und Kartoffelpüree

4 mittelgroße Kartoffeln
Salz
500 g Cima di rapa (Rappa)
160 ml Olivenöl
1 Stück Schweinebacke
1 Knoblauchzehe
Pfeffer
80 g Parmesan, gerieben
30 g Pecorino, gerieben
100 ml Milch
50 g Butter

Weinempfehlung

Rubesco Riserva Vigan Monticchio, Lungarotti Torgiano, Umbrien

Entenkeulen waschen und trocken tupfen.
Mit dem gewürzten Speck bestreichen und mit 1 Knoblauchzehe, Rosmarin und Salbei im Olivenöl kräftig anbraten. Salzen und pfeffern. Mit Weißwein ablöschen, Gemüsebrühe nach und nach zugießen und 25 Minuten weitergaren. Rosmarin, Salbei und Knoblauch entfernen. 30 ml Bratensaft beiseitestellen.
Entenkeulen mit dem restlichen Bratensaft und Pfefferkörnern in einen Bräter geben. Den Honig erwärmen und die Entenkeulen damit einstreichen. Im 200° heißen Backofen 15 Minuten braten, bis die Haut glänzend knusprig ist.
Weintrauben waschen. In einer Kupferpfanne Rohrzucker mit 40 ml Wasser und Butter karamellisieren lassen. Sobald der Karamell goldgelb ist, die Trauben und den beiseitegestellen Bratensaft zugeben und bei kleiner Hitze weitere 5 Minuten karamellisieren lassen.
Entenkeulen mit Rappa-Sauce, Kartoffelpüree ***(Zubereitungen unten)*** und etwas Bratensaft auf Tellern anrichten. Mit karamellisierten Trauben garnieren und Aceto balsamico beträufeln.

Rappa-Sauce und Kartoffelpüree

Die Kartoffeln in kochendem Salzwasser garen, schälen und 1 Kartoffel klein schneiden. Rappa putzen, waschen und in Stücke schneiden. In kochendem Wasser in 10 Minuten bissfest garen, abgießen und abtropfen lassen. 80 ml Olivenöl erhitzen. Schweinebacke, Knoblauch und geschnittene Kartoffel darin andünsten. Salzen und pfeffern. Schweinebacke entfernen und die Masse im Mixer mit Parmesan und Pecorino pürieren.
Die Milch in einem Topf erwärmen.
Die restlichen Kartoffeln noch warm durch die Kartoffelpresse in die Milch drücken, die Butter und 80 ml Olivenöl zugeben und zu einem weichen Kartoffelpüree verarbeiten. Mit Salz und Pfeffer abschmecken.

In Maria Luisas Pfanne karamellisiert zu werden, ist eine schöne Karriere für Weintrauben.
Puntarella, eine entfernte Verwandte des Löwenzahn, brilliert bei ihr als Pesto.

suprema di coscia di faraona alle castagne con tortino di patate e funghi porcini

PERLHUHN MIT KASTANIENSAUCE UND KARTOFFEL-STEINPILZEN-TÖRTCHEN

ZUTATEN FÜR 4 PORTIONEN

1 kg Perlhuhn
600 g Esskastanien
50 g Zwiebel (z. B. Tropea)
2 Knoblauchzehen
30 g Staudensellerie
150 ml Olivenöl
60 g Speck
2 Zweige Rosmarin
2 Zweige Salbei
Salz und Pfeffer
80 ml Rotwein
400 ml Gemüsebrühe
80 g Wiesenchampignons
1 Zweig wildes Fenchelkraut
1 Lorbeerblatt

Kartoffel-Steinpilz-Törtchen

4 mittelgroße Kartoffeln
Salz
350 g Steinpilze
2 Knoblauchzehen
4 Zweige Thymian
80 ml Olivenöl
50 g Butter
Pfeffer
100 g Parmesan, gerieben

Weinempfehlung

Amarone della Valpolicella Mazzano, Masi, Venetien

Perlhuhn putzen, waschen, trocken tupfen. Erst die Keulen von der Brust, dann die Brust vom Knochen lösen. Karkassen zerkleinern. Die Kastanien im Ofen rösten.
Zwiebel und 1 Knoblauchzehe schälen. Sellerie waschen, putzen. Zwiebel und Sellerie klein schneiden. In einem Bräter 100 ml Olivenöl erhitzen. Zwiebeln, Speck, Sellerie, 1 durchgepresste Knoblauchzehe, je 1 Rosmarin- und Salbeizweig und Karkasse andünsten, mit Salz und Pfeffer würzen und bei mittlerer Hitze 15 Minuten dünsten. Mit 50 ml Rotwein ablöschen, 250 ml Gemüsebrühe zugießen und weitere 20 Minuten köcheln lassen. 300 g geröstete Kastanien schälen. Pilze putzen und klein würfeln. Beides in den Bräter geben und weitere 10 Minuten bei kleiner Hitze kochen; wenn nötig noch etwas Gemüsebrühe zugießen. Am Ende der Garzeit die Karkasse, Speck, Rosmarin und Salbei entfernen und den Rest im Mixer fein pürieren.
50 ml Olivenöl erhitzen. Perlhuhnschenkel und -brüste mit 1 Knoblauchzehe, je 1 Rosmarin- und Salbeizweig, Fenchelkraut und Lorbeer anbraten, salzen und pfeffern. 30 ml Rotwein zugießen und einkochen lassen, restliche Gemüsebrühe zugießen und das Fleisch fertig garen. Keulen 40 Minuten und Perlhuhnbrüste 15 Minuten garen. Auf Tellern mit der Kastaniensauce und Kartoffeltörtchen ***(Zubereitung unten)*** anrichten. Mit den übrigen gerösteten Kastanien garnieren.

Kartoffel-Steinpilz-Törtchen

Kartoffeln schälen und in 2 cm dicke Scheiben schneiden. In Salzwasser vorsichtig in ca. 10 Minuten garen, damit sie nicht zerbrechen. Geputzte Steinpilze in ca. 1,5 cm dicke Scheiben schneiden. Pilze mit Knoblauch und 2 Thymianzweigen in 50 ml Olivenöl und Butter anbraten. Salzen und pfeffern. Kartoffelscheiben auf der Arbeitsfläche in 4 Portionen auslegen, mit Parmesan bestreuen, mit Pilzscheiben belegen und mit Thymianblättchen bestreuen. Vorgang wiederholen und mit einer Schicht Kartoffeln und Parmesan abschließen. Die Törtchen mit restlichem Olivenöl beträufeln. Auf Backpapier legen und im 180° heißen Ofen 10 Minuten backen.

Als Köchin ist es sinnvoll,
einen Jäger zum Freund zu haben.

risotto con costata di chianina, zucca gialla e insalata calda di porcini

RISOTTO MIT ENTRECOTE, KÜRBIS UND WARMEM STEINPILZSALAT

ZUTATEN FÜR 4 PORTIONEN

900 g Entrecote am Stück (z. B. Chianina)
120 g milde Zwiebeln
2 Steinpilze (ca. 200 g)
160 ml Olivenöl
Salz und Pfeffer
250 g gelbes Kürbisfleisch
2 Knoblauchzehe
2 Zweige Rosmarin
300 g Risottoreis (z. B. Carnaroli)
1 l Gemüsebrühe, heiß
100 g Butter
120 g Parmesan, gerieben
1 Stiel Estragon
30 ml Aceto balsamico
10 g schwarze Pfefferkörner

Weinempfehlung

Barbera d'Alba Piana, Ceretto, Piemont

Das Fleischstück entbeinen. Den Knochen in 2–3 Stücke teilen. Zwiebeln schälen und klein würfeln. Pilze putzen, die Stiele klein würfeln, Köpfe in Scheiben schneiden. 100 ml Olivenöl erhitzen. Zwiebeln, Pilzstiele, Knochenstücke und Fleischabschnitte darin anrösten, mit Salz und Pfeffer abschmecken.

Das Kürbisfleisch in kleine Würfel schneiden. Knoblauch schälen. 100 g Kürbisfleisch mit 1 durchgepressten Knoblauchzehe und 1 Rosmarinzweig zu den Zwiebeln geben und mitbraten. Sobald das Gemüse weich ist, Knochenstücke und Fleischabschnitte entfernen, den Reis zufügen und mitrösten, bis er ein wenig am Pfannenrand kleben bleibt. Etwas heiße Brühe dazugießen und unter Rühren ca. 15 Minuten köcheln lassen, dabei immer wieder heiße Gemüsebrühe nachgießen.

Inzwischen das restliche Kürbisfleisch in einer Pfanne mit 1 Knoblauchzehe, 20 ml Olivenöl und 1 Rosmarinzweig 2 Minuten braten. Salzen und pfeffern.

Unter den fertig gegarten Risotto Butter, Parmesan und gebratene Kürbiswürfel unterheben.

Estragonblätter klein schneiden. Aus 20 ml Olivenöl, Essig, Estragon und schwarzen Pfefferkörnern eine Marinade zubereiten, mit Salz abschmecken. Das Fleischstück damit bestreichen und in einer beschichteten Pfanne oder besser auf dem Grill rundum braten.

Steinpilzscheiben in 20 ml heißem Olivenöl scharf anbraten. Mit Salz und Pfeffer würzen.

Risotto mit Rindfleisch und gebratenen Steinpilzen anrichten.

filetto di chianina al sale grosso e rosmarino con radicchio variegato e ovuli, salsa al vino rosso

RINDERFILET MIT BUNTEM RADICCHIO, KAISERLINGEN UND ROTWEINSAUCE

ZUTATEN FÜR 4 PORTIONEN

1,2 kg Rinderfilet
500 ml Rotwein (z. B. Sagrantino)
1 EL Zucker
80 g Schalotten
½ Knoblauchzehe
50 g Staudensellerie
500 g Radicchio variegato
(ersatzweise Radicchio di Treviso)
350 g Kaiserlinge
210 ml Olivenöl
2 Zweige Rosmarin
20 g Speck am Stück
50 g Sahne
60 g Parmesan, gerieben
1 Zweig Thymian
Salz und Pfeffer

Weinempfehlung
Sagrantino 25°, Arnaldo Caprai, Umbrien

Mit einem scharfen Messer den Muskel entlang des Filets entfernen.
Für die Rotweinsauce den Wein mit Zucker 5 Minuten bei kleiner Hitze auf drei Viertel einkochen lassen.
Schalotten und Knoblauch schälen und fein würfeln. Staudensellerie und Radicchio putzen und waschen. Kaiserlinge putzen.
In einer Pfanne in 150 ml Olivenöl, 1 Rosmarinzweig, Speck, Knoblauchzehe, Schalotten und geschnittenen Staudensellerie, 50 g gehackte Kaiserlinge und 200 g Radicchio andünsten und 5 Minuten ziehen lassen. Eingekochten Rotwein und Sahne zugießen, einige Minuten weiterköcheln lassen. Im Mixer mit Parmesan pürieren. Sauce durch ein Sieb in einen Topf streichen.
Die restlichen Kaiserlinge in Scheiben schneiden. 60 ml Olivenöl erhitzen und die restlichen Radicchioblätter mit je 1 Thymian- und Rosmarinzweig in 1 Minute zügig anbraten, damit Geschmack und Farbe erhalten bleiben. Salzen und pfeffern.
Das Filet möglichst auf einem Holzgrill grillen. Ansonsten bei starker Hitze schnell und kräftig braten, damit es rundum außen knusprig wird und innen rosa bleibt.
Das Rinderfilet mit gebratenem Radicchio, Pilzscheiben und Rotweinsauce auf vorgewärmtem Teller anrichten. Nach Geschmack mit Olivenöl beträufeln und mit Salz und Pfeffer übermahlen.

Maria Luisa sagt:
„Mein Vater Angelo, Lucifero (Luzifer) genannt, macht aus dem Grillen von Fleisch ein großes Ritual. Er massiert es mit geölten Händen 2 Stunden und verwendet Eichen- oder Kastanienholz wegen seines Duftes. Fleisch nie direkt aus dem Kühlschrank weiterverarbeiten. Nie vor dem Braten salzen und ein gut abgehangenes Kotelett-Stück kann besser sein als das Filet."

Maria Luisa hat von veganer Küche schon mal gehört. Interessant fand sie es nicht.

Um von Pilzsuchern unerkannt zu bleiben trägt der königliche Kaiserling einen gräulichen Mantel mit hochgestelltem Kragen.

coscio di agnello al profumo di mirto e serpillo al forno a legna
con crema di cavolfiore romanesco e cipolla rossa

GEKRÄUTERTE LAMMKEULE MIT ROMANESCO-SAUCE UND ROTEN ZWIEBELN

ZUTATEN FÜR 4 PORTIONEN

1 kg Lammkeule
Rotwein zum Waschen
10 g schwarze Pfefferkörner
2 Zweige wilder Thymian
2 Zweige Myrte
2 Zweig wildes Fenchelkraut
(ersatzweise Dill)
4 EL Milch
120 ml Olivenöl
120 g gewürzter Speck (Rezept S. 251)
Salz und Pfeffer
50 ml Weißwein
1 l Gemüsebrühe
2 rote Zwiebeln
2 Zweige Rosmarin

Romanesco-Sauce

200 g Romanesco
1 Knoblauchzehe
100 ml Olivenöl
30 g Schweineschwarte am Stück
200 ml Gemüsebrühe
1 Bund Schnittlauch
1 Zweig Thymian
1 Kartoffel, gekocht
60 g Parmesan, gerieben
30 g Pecorino, gerieben
Salz und Pfeffer

Weinempfehlung

Rosso di Montefalco,
Colpetrone, Umbrien

Von der Lammkeule Fettstücke abschneiden und mit Rotwein waschen. Eine Marinade aus schwarzen Pfefferkörnern, je 1 Zweig Thymian, Myrte und Fenchelkraut, Milch und 60 ml Olivenöl zubereiten. Lammkeule 12 Stunden darin marinieren.
Lammkeule aus der Marinade nehmen und mit gewürztem Speck ***(Zubereitung S. 251)*** bestreichen. Rundum salzen und pfeffern. In einem Bräter mit 30 ml Olivenöl, je 1 Zweig Thymian, Myrte und Fenchelkraut legen. Bräter im 200° heißen Ofen 20 Minuten braten. Mit Weißwein ablöschen, Gemüsebrühe zugießen, Ofentemperatur auf 180° reduzieren und weitere 40 Minuten braten. Das Fleisch gelegentlich wenden, damit es gleichmäßig brät. Kontrollieren Sie zwischendurch das Fleisch, damit es nicht zu trocken wird. Keule aus dem Ofen nehmen und den Fond entfetten.
Inzwischen die Zwiebeln schälen und in Ringe schneiden.
30 ml Olivenöl mit Rosmarin erhitzen und die Zwiebeln darin kurz anbraten. Lammkeule portionieren.
Die Romanesco-Sauce ***(Zubereitung unten)*** auf Teller verteilen. Lammfleisch mit etwas Bratensaft, Zwiebelringen und einigen Romanescoröschen anrichten.

Romanesco-Sauce

Romanesco 5 Minuten in kochendem Wasser garen, abgießen und zerschneiden, dabei einige Romanescoröschen beiseitestellen.
Knoblauchzehe schälen. 50 ml Olivenöl erhitzen, Knoblauch, Schweineschwarte und Romanesco darin andünsten. Mit Brühe ablöschen und 10 Minuten köcheln lassen. Schnittlauch, Thymianzweig und zerkleinerte Kartoffel zugeben und weitere 5 Minuten köcheln lassen. Schweineschwarte, Knoblauch, Schnittlauch und Thymian entfernen. Romanesco mit Parmesan, Pecorino und 50 ml Olivenöl im Mixer pürieren, durch ein Sieb passieren, salzen und pfeffern.

crème caramel con crema al cioccolato e marrons glacés

CRÈME CARAMEL MIT MARONEN-SCHOKOLADEN-CREME

ZUTATEN FÜR 8 PORTIONEN

350 g Zucker
1 Vanilleschote
1 l Milch
Schale von 1 Bio-Orange
10 Kaffeebohnen
200 g Sahne
6 Eigelb
2 Eier

Maronen-Schokoladen-Creme

10 Eigelb
200 g Zucker
60 g Mehl
50 g Kakaopulver
½ Vanilleschote
200 g Marrons glacés
(kandierte Esskastanien)
800 ml Milch
250 g Sahne
Schale von 1 Bio-Orange

Weinempfehlung

Gazza Rubina, Santa Lucia, Apulien

150 g Zucker mit 3 EL Wasser bei kleiner Hitze köcheln lassen, bis ein haselnussbrauner Karamell entsteht. Warmes Karamell in 8 Förmchen verteilen. Durch leichtes Schräghalten und schnelle, kreisende Bewegungen die Masse gleichmäßig in den Förmchen verteilen. Erkalten lassen.
Vanilleschote aufschneiden und das Mark herausschaben. Beides in der Milch mit Orangenschale sowie Kaffeebohnen bei kleiner Hitze aufkochen und 5 Minuten köcheln lassen. Sahne zugießen und 5 Minuten weiterköcheln lassen. Vom Herd nehmen und 30 Minuten ziehen lassen.
Inzwischen Eigelbe und Eier mit 200 g Zucker cremig aufschlagen. Milch und Sahne in dünnem Strahl langsam unter Rühren in die Eiercreme rühren. Creme durch ein Sieb in ein Schüssel geben und aufschlagen.
Creme in die mit Karamell gefüllten Förmchen geben, dann im heißen Wasserbad im 160° heißen Backofen 35 Minuten stocken lassen. Das Wasser sollte ungefähr bis 1 cm unter den Förmchenrand reichen. Nach dem Abkühlen für mindestens 3 Stunden im Kühlschrank kalt stellen.
Die Maronen-Schokoladen-Creme ***(Zubereitung unten)*** auf Teller geben und eine Crème caramel daraufstürzen. Nach Belieben mit Karamellfäden garnieren.

Maronen-Schokoladen-Creme

Eigelbe mit Zucker cremig aufschlagen. Gesiebtes Mehl und Kakao zugeben und unterrühren.
Vanilleschote aufschneiden und das Mark herausschaben. Maronen klein schneiden. Mit Vanilleschote, -mark, Milch, Sahne und Orangenschale aufkochen und bei kleiner Hitze 10 Minuten kochen. Orangenschale entfernen. Die Eigelbmasse vorsichtig unter Rühren in die Milch gießen, unter ständigem Rühren erhitzen und bei kleiner Hitze 5 Minuten köcheln lassen. Schokocreme in eine Schüssel gießen, Vanilleschote entfernen, Creme auskühlen lassen.

Zur Zubereitung von Karamell empfiehlt Maria Luisa allen Anfängern: Üben! Üben! Üben!

Diesen Schokoladenbisquit kann man durchaus so stehen lassen. Oder drei Böden daraus ausstechen. Das Rezept gibt es auf der nächsten Seite.

torta paradiso con mousse al cioccolato e rhum

PARADIESTÖRTCHEN MIT SCHOKO-MOUSSE UND VANILLE-NUSS-SAUCE

ZUTATEN FÜR 8 PORTIONEN

100 g Butter, weich
120 g Zucker
150 g Bitterschokolade
100 ml Milch
5 g Vanillezucker
4 Eier, getrennt
200 g Mehl
25 g Backpulver
50 ml Rumlikör

Schokoladen-Mousse

370 g Bitterschokolade
270 g Eiweiß
200 g Zucker
50 ml Rumlikör
200 g Sahne

Vanille-Nuss-Sauce

½ Vanilleschote
150 g Milch
100 g Sahne
150 g Haselnusskerne, fein gehackt
6 Eigelb
70 g Zucker

Weinempfehlung

Marsala Morsi di Luce, Floria, Sizilien

Butter und Zucker cremig schlagen. Schokolade hacken und mit der Milch über dem heißen Wasserbad schmelzen. Vom Herd nehmen und die Butter-Zucker-Mischung und Vanillezucker einrühren. Eigelbe nacheinander unterrühren. Mit dem Holzlöffel weiterrühren und dabei nach und nach das gesiebte Mehl, Backpulver und den Likör unterrühren, sodass ein geschmeidiger Teig entsteht. Eiweiß steif schlagen. Den Eischnee unterheben. Eine runde Tortenform (ca. Ø 35 cm) buttern und mit Mehl ausstäuben. Teig in die Form füllen und im 160° heißen Ofen 20 Minuten backen.
Teig aus dem Ofen nehmen, etwas abkühlen lassen. 8 Kreise (à Ø 5 cm) ausstechen und beiseitelegen. Den übrigen Teig mit Mousse ***(Zubereitung unten)*** bestreichen und weitere Kreise ausstechen.
Auf jedem Teller 2 bis 3 Lagen Mousse-Kreise zu einem Türmchen schichten, mit den beiseitegelegten Kreisen abschließen. Vanille-Nuss-Sauce ***(Zubereitung unten)*** auf die Teller geben und nach Belieben mit Puderzucker bestäuben.

Schokoladen-Mousse

Schokolade hacken und über dem heißen Wasserbad schmelzen. Eiweiß mit Zucker steif schlagen. Schokolade vom Herd nehmen. Likör sowie Eischnee vorsichtig unterheben, abkühlen lassen. Sahne steif schlagen und unter die kalte Schokomasse heben. 1 Stunde im Kühlschrank kühl stellen.

Vanille-Nuss-Sauce

Vanilleschote längs aufschneiden und das Mark herausschaben. Beides mit Milch, Sahne und Haselnüssen aufkochen. Eigelbe mit Zucker in einer Metallschüssel über dem heißen Wasserbad cremig schlagen. Die Milch-Nuss-Mischung durch ein Sieb in eine Schüssel gießen. Milch unter ständigem Rühren in dünnem Strahl zu der Eigelbcreme gießen und weitere 10 Minuten über dem Wasserbad aufschlagen. Die Sauce darf nicht kochen. Über Eiswasser kalt schlagen.

torta di noci con bavarese al caffè

WALNUSS-SOUFFLÉ MIT BAYERISCHER KAFFEECREME

ZUTATEN FÜR 8 PORTIONEN

150 g Walnusskerne
1 Bio-Orange
70 g Rosinen
70 ml Zibibbo (Dessertwein)
6 Eier, getrennt
100 g Zucker
100 g Butter, weich
5 g Vanillezucker
300 g Mehl (Type 00)
25 g Backpulver

Bayerische Kaffeecreme

150 g Zucker
5 Eier
4 Blatt Gelatine
1 Vanilleschote
200 ml Milch
1 Zimtstange
10 Kaffeebohnen
200 ml Espresso
400 g Sahne
50 ml Anislikör

Weinempfehlung

Sagrantino Passito Montefalco, Bea, Umbrien

Walnüsse grob hacken. Orange heiß waschen und abtrocknen. Die Schale fein abreiben und den Saft auspressen.
Rosinen in Orangensaft und Zibibbo 1 Stunde einweichen. Inzwischen in einer Schüssel Eigelbe und Zucker mit einem Holzlöffel zu einer cremigen Masse aufschlagen. Mit Butter, Orangenschale, Vanillezucker, gesiebtem Mehl und Backpulver gut unterrühren. Eingeweichte Rosinen mit Sud zugeben. Das Eiweiß steif schlagen und unterheben.
Förmchen buttern und mit Mehl ausstäuben. Teigmasse hineinfüllen und im 160° heißen Backofen 25 Minuten backen. Die heißen Soufflés sofort mit der Bayerischen Kaffeecreme servieren.

Bayerische Kaffeecreme

Zucker mit Eiern cremig aufschlagen. Gelatine in kaltem Wasser einweichen. Vanilleschote längs aufschneiden und das Mark herausschaben. Beides mit Milch, Zimt, Kaffeebohnen, Espresso aufkochen und 15 Minuten bei kleiner Hitze köcheln lassen. Vanilleschote entfernen. Gelatine ausdrücken, unterrühren und die Creme abkühlen lassen. Sahne steif schlagen und mit dem Likör unterheben. In Schälchen oder kleine Gläser füllen und einige Stunden im Kühlschrank kühl stellen.

Maria Luisa sagt:
„Die eingeweichte Gelatine nicht mit der Milch kochen. Kontrollieren Sie die Ofentemperatur. Ist der Ofen zu heiß, könnte das Gelingen gefährdet sein."

Es fuchst Maria Luisa schon ein bisschen, aber die besten aller Walnüsse kommen nun mal aus Grenoble.

torta di mele calda al profumo di cannella e salsa di cachi

WARME APFEL-ZIMT-TÖRTCHEN MIT KAKI-SAUCE

ZUTATEN FÜR 8 PORTIONEN

200 g Ricotta (Kuhmilch)
4 Eigelb
200 g Zucker
70 ml Calvados
100 g Butter, weich
abgeriebene Schale von 1 Bio-Zitrone
8 g Vanillezucker
300 g Mehl
30 g Backpulver
4 Äpfel
6 EL Orangen-Apfel-Zimt-Konfitüre
1 TL gemahlener Zimt
Saft von ½ Zitrone
2 EL Rohrzucker
50 ml Zimtlikör

Kaki-Sauce

1 kg Kakis
200 ml Sirup (Rezept S. 261)
300 g Zucker
Saft von 1 Zitrone
Saft von 1 Orange
1/3 Vanilleschote
50 ml Grand Marnier

Weinempfehlung

Passito Bacca Rossa,
La Palazzola, Umbrien

Ricotta in ein Sieb geben und abtropfen lassen.
Eigelbe mit Zucker und Calvados über dem heißen Wasserbad ca. 2 Minuten aufschlagen, bis sich das Volumen verdoppelt; das Wasser darf dabei nicht kochen. Anschließend vom Herd nehmen und abkühlen lassen. Ricotta, Butter, Zitronenschale, Vanillezucker, gesiebtes Mehl und Backpulver mit einem Schneebesen unterheben.
Äpfel schälen, entkernen und in Spalten schneiden. Mit Konfitüre, Zimt, Zitronensaft, Rohrzucker und Zimtlikör mischen. Förmchen (Ø 12 cm, Höhe 8 cm) buttern und mit Mehl bestäuben. Den Teig hineinfüllen und mit Apfelspalten belegen. Im 170° heißen Backofen 25 Minuten backen.
Kaki-Sauce ***(Zubereitung unten)*** auf Teller verteilen und die warmen Apfeltörtchen darauf anrichten.

Kaki-Sauce

Kakis schälen, putzen und klein würfeln.
Sirup ***(Zubereitung S. 261)*** und Zucker 15 Minuten bei kleine Hitze köcheln lassen. Orangen- und Zitronensaft, das aufgeschnittene Stück Vanilleschote und Kakiwürfel zugeben und weitere 10 Minuten köcheln lassen. Vanilleschote entfernen. Im Mixer pürieren, abkühlen lassen und Grand Marnier unterrühren.

Maria Luisa sagt:

„Kaki wird auch melocaco genannt, weil diese Frucht ursprünglich Mela d' Oriente hieß. Die caco vaniglia ist eine andere Sorte, die ihren Ursprung in der Region Neapel hat. Sie ist flacher, süßer und wird gelb-orange geerntet und färbt sich dann rot. Für Konfitüre nehme ich cachi mela, weil sie weniger süß ist.
Grand Marnier kann durch einen anderen Orangenlikör ersetzt werden."

Jetzt könnten Sie sich sicher für ein zartes Scheibchen Schweinebacke auf geröstetem Brot erwärmen.

l’inverno [inˈvɛrno] *m*

DER WINTER

l'inverno [in'vɛrno] *m*

DER WINTER

„Es zieht!" Das ist im Januar in Foligno ein häufiger Satz. Abgesehen von dem Satz *„Es schmeckt!"* natürlich. In der Villa, das ist Ihnen sicher nicht entgangen, geht nichts vollautomatisch. Deshalb schließt sich auch die zarte Glastür zum Entree nicht selbsttätig hinter allen, die den Saal zwischendurch verlassen, etwa um sich dem fragwürdigen Genuss des Rauchens hinzugeben, um Teo zu kraulen, ein wärmeres Strickjäckchen zu holen, ein Gericht zu fotografieren oder nachzuschauen, ob der Mond wohl einen Hof hat. Denn wenn dem so sei, dann heißt das auch in Umbrien, dass es kalt wird. Bei Tage, wenn wir in der Küche hantieren, beziehungsweise Luisa dabei zuschauen, werfen wir einander jedes Mal, wenn ein kalter Hauch uns streift, vorwurfsvolle Blicke zu, so als gäbe es jemanden, der am Winter schuld ist. Aber so wärmen wir uns an unserer Entrüstung die Nierchen und zurren das Wolljäcken enger um die bereits ein wenig speckiger gewordene Körpermitte. Auch die Aussicht auf das, was Luisa kochen wird, fördert die Durchblutung und stimmt uns wieder heiter. Dass Winter eine karge Zeit ist, kann man hier weiß Gott nicht behaupten.

Im Winter lebt man in Umbrien wie die Made im Speck. Das Prinzip der ausgleichenden Gerechtigkeit ist überdeutlich, denn die Kürze der Tage wird mit der Länge der Abende nivelliert, mit der Üppigkeit der Speisen, der Luxuriösität der Zutaten, der Fülle der Aromen, der Größe der Weinflaschen und den Mengen der Worte, die man über all das und den Lauf der Welt verlieren kann – nicht zwingend mit ihrer Tiefe. Jaja, Zucchiniblüten im frischen Frühling, junges Gemüse und maigrünes Grün, die ersten fröhlichen Hummeln, das ist ein verheißungsvoller Anblick. Aber wer eine *frittata* mit schwarzer Trüffel und blutjungem *frutatto*-Olivenöl in seinem Bauch, eine Ente auf seinem Teller und ein Anistörtchen im Ofen weiß, während im Speisesaal ein offenes Feuer knistert, dessen Blick verliert sich in den Flammen mit einem Ausdruck von an Blödheit grenzender Seligkeit. Eine helle Freude sind auch die sonnigen Saucen aus der Schale der himmlischen Orangen, mit denen Luisa ganz unwinterliche Fröhlichkeit in ihre Menüs zaubert. Nicht nur Ente, Fasan und Wildschwein stehen auf dem Menüplan, auch Kalb und Schweinchen. In der kühlen Kammer warten Speck, Schweinebacke, Würste und neues Schmalz auf ihren Einsatz, es gibt Broccoli und Fenchel, es gibt Stockfisch und abermals ist es ein Glück, dass Maria Luisa Hülsenfrüchte so liebt und sie in ungezählten Variationen zuzubereiten weiß. Wie praktisch auch, dass die kühlen Temperaturen für einen permanenten kleinen Hunger sorgen.

Der Januar könnte auch in der Villa Roncalli, wie wohl überall in der westlichen Welt, eine stille Zeit sein, in der man eine milde Lichtmangel-Depression überwinden und sich die kalendarisch gebotene Aufbruchstimmung jeden Tag aufs Neue ein wenig anerziehen muss. Besonders Maria Luisa könnte sich vollkommen erledigt fühlen, von all den Weihnachtsfeiern und Essfestivals der vergangenen Wochen und Monate. Doch nichts hindert sie daran, spontan einen mehrgängigen *pranzo* für 30 Personen zwischen die Seiten des Winterkapitels dieses Buches zu schieben und eine halbe Nacht damit zu verbringen, eigenhändig eine riesige Schüssel voll zarter Zesten aus den Schalen besagter Orangen zu reißen.

Träge Stimmung herrscht allein im Küchengarten. Raureif liegt auf den Blättern des Wirsing, die ganz blau erscheinen, vielleicht weil sie frieren. Die Kräuterbeete ducken sich zur Erde, dort, wo Tomaten, Zucchini und Paprika waren, liegt alles im Winterschlaf. Nur dem Rosmarin sind die Jahreszeiten egal, er trägt sogar zartviolette Blüten. Die Kaffeemaschine an der kleinen Bar beim Pool dämmert unter einer wärmenden Schicht aus Herbstblättern sonnigeren Tagen entgegen. Das türkisblaue Wasser ist liebevoll zugedeckt, und beim seinem Anblick kann man sich nicht vorstellen, dass man hier in der Sommersonne briet und im Nu eine knusprige Kruste bekam.

Im winterlichen Garten
harrt der Wirsing fröstelnd
seiner Zubereitung.
Die kahlen Linden
wünschten, es wäre Mai.

pane bianco con farina macinata a pietra e lievito madre

WEISSBROT MIT MUTTERHEFE

10 g frische Hefe
1 TL Zucker
500 g Mehl (Type 0)
Salz
100 g Mutterhefe (Zutaten unten)
Olivenöl

Mutterhefe
Mehl (Type 0)
Olivenöl
Honig

Frische Hefe und Zucker in 2 EL Wasser auflösen.
Das gesiebte Mehl mit 1 Prise Salz anhäufeln, eine Mulde ins Mehl drücken. In die Mulde Mutterhefe, 2 EL Olivenöl und die aufgelöste frische Hefe geben. Die Zutaten mit geölten Händen kräftig zu einem festen, geschmeidig-weichen Teig kneten. Den Teig abgedeckt an einem warmen Ort ohne Zugluft gehen lassen. Den Teig nach Belieben in große Stücke teilen und länglich formen. Teig weitere ca. 20 Minuten ruhen lassen.
Im vorgeheizten Backofen bei 200° 1 Stunde backen.

Mutterhefe
Mutterhefe ist ein auf natürliche Weise gärender Teig aus Mehl und Wasser, der immer wieder mit frischem Mehl erneuert wird. Um Mutterhefe anzusetzen, vermischen Sie 250 g Mehl, ½ EL Olivenöl, ½ EL Honig und 100 g zimmerwarmes Wasser von Hand. Den Teig in eine Schüssel zum Beispiel aus Metall (auf keinen Fall Plastik!) füllen, abdecken (z. B. mit einem Küchentuch) und 48 Stunden bei 25° ruhen lassen. Das Volumen verdoppelt sich und es entsteht ein angenehmes, säuerliches Hefearoma.
Nach 2 Tagen kann die Hälfte der Teigmasse entnommen und zum Backen von Pizza verwendet werden. Den restlichen Teigansatz mit 100 g Mehl und 50 g zimmerwarmes Wasser auffrischen. Gut durchmischen.
Den angesetzten Teig für weitere 3 Tage abgedeckt in den Kühlschrank stellen. In den nächsten 30 Tagen immer wieder alle 3 Tage Teig entnehmen und durch frisches Mehl und Wasser ergänzen. Dann ist die Mutterhefe perfekt.

Maria Luisa sagt:
„Wird die Mutterhefe gut ‚gefüttert', hält sie ein Leben lang.
Meine Mutterhefe ist 26 Jahre alt – sie ist jung und voller Leben."

grissini

GRISSINI

50 g Sesamsaat
7 EL Olivenöl
20 g Butter
Salz
schwarzer Pfeffer
15 g frische Hefe
1 TL Zucker
500 g Mehl (Type 0)
2 EL Schweineschmalz

Weinempfehlung
Prosecco di Valdobbiadene, Frassinelli, Venetien

Sesam mit 100 ml Wasser, 4 EL Olivenöl, Butter, 1 TL Salz und ½ TL gemahlenem Pfeffer bei kleiner Hitze 5 Minuten köcheln lassen.
Hefe und Zucker in 50 ml lauwarmem Wasser auflösen.
Gesiebtes Mehl mit 15 g Salz und 5 g gemahlenem Pfeffer mischen und eine Mulde ins Mehl drücken. Schweineschmalz, 2 EL Olivenöl, 200 ml Wasser, Hefemischung und die Hälfte der Sesammasse in die Mulde geben. Alle Zutaten vermischen und kräftig zu einem glatten, weichen Teig verarbeiten. Mit einem feuchten Küchentuch abgedeckt an einem lauwarmen Ort ca. 1 Stunde auf das doppelte Volumen gehen lassen.
Aus dem Teig Stangen von 8 cm Länge und 1,5 cm Ø formen. Die Grissini auf ein mit Backpapier belegtes Backblech legen. Darauf achten, dass zwischen den einzelnen Grissini genügend Abstand ist. Die restliche Sesammasse in ein Sieb geben und abtropfen lassen. Sesam mit 1 EL Olivenöl mischen und die Grissini damit einstreichen.
Grissini im 160° heißen Backofen ca. 20 Minuten backen.

Maria Luisa sagt:
„Die Grissini sind knusprige, dünne Stangen, die unter Zugabe von Fett mürbe werden. Man kann aus dem Teig aber auch Brötchen oder Zöpfe formen. Statt Sesam kann man auch Rosmarinnadeln hacken und über die Grissini streuen. Olivenöl und Rosmarin geben den Grissini eine besondere Note."

Ungewöhnlich effizient für Maria Luisas Verhältnisse: Aus dem Grissiniteig macht sie auch zerzauste Brötchen oder Knüppel für unartige Gäste. Statt Sesamsaat können Sie auch gern Rosmarin nehmen.

pane di formaggio
KÄSEBROT

15 g Trockenhefe
350 g Mehl
2 Eier
50 ml Olivenöl
100 ml Milch
70 g Parmesan, gerieben
70 g milder Pecorino, gerieben
Salz
schwarzer Pfeffer

Weinempfehlung
Spumante Rosé,
Scacciadiavoli Montefalco,
Umbrien

Trockenhefe und gesiebtes Mehl in eine Schüssel geben. In die Mitte eine Mulde drücken. Eier, Olivenöl, warme Milch, Käse, Salz und Pfeffer in die Mitte geben. Alles zu einem glatten, geschmeidigen Teig verarbeiten und 15 Minuten gehen lassen. Die Kastenform mit einem Backpapier auslegen. Den Teig in die Form geben und die Oberfläche mehrmals über Kreuz mit einem Messer einschneiden. Im 160° heißen Backofen ca. 25 Minuten backen, anschließend auskühlen lassen. Das Brot sollte außen goldbraun-knusprig und innen noch ganz weich sein.

Maria Luisa sagt:
„Den Teig nur vorsichtig salzen, da Pecorino recht salzig ist.
Die Zutaten mit einem Holzlöffel mischen.
Olivenöl und Milch nach und nach zugießen und die Eier nacheinander zugeben.
Das Brot vorsichtig aufschneiden, da der Teig sehr mürbe ist und bröckeln könnte.
Dieses Brot passt gut zu Käse, Wurst sowie Gemüse."

pane di noci, uvetta e miele

NUSS-ROSINEN-BROT MIT HONIG

250 g Walnusskerne
4 EL Olivenöl
15 g Salz
5 g schwarzer Pfeffer, gemahlen
2 EL Zucker
100 g Rosinen
20 g frische Hefe
600 g Mehl (Typ 00)
1 EL Schweineschmalz, zimmerwarm
2 EL Akazienblütenhonig

Weinempfehlung
Pinot Nero, Oltrepò Pavese,
Tenuta Mazzolino, Lombardei

Nüsse grob hacken. 2 EL Olivenöl mit 5 g Salz, Pfeffer, Zucker und Rosinen in ca. 500 ml Wasser 10 Minuten bei kleiner Hitze kochen. Abkühlen lassen, zerbröckelte Hefe und Nüsse zufügen. Das gesiebte Mehl mit 10 g Salz anhäufeln, in die Mitte eine Mulde drücken. Schweineschmalz mit 2 EL Olivenöl und der Nuss-Rosinen-Mischung in die Mulde geben. Zu einem homogenen, geschmeidigen Teig verarbeiten. Mit einem Küchentuch abdecken und an einem warmen Ort 1 Stunde ruhen lassen.
Teig durchkneten, in Stücke teilen und zu kleinen Broten formen. Etwa 20 Minuten ruhen lassen, bis sich das Volumen der Brote verdoppelt hat.
Brote im 170° heißen Backofen 40 Minuten backen. Aus dem Ofen nehmen und mit Akazienblütenhonig bestreichen.

Maria Luisa sagt:
„Es passt gut zu Blauschimmelkäse wie Gorgonzola, zu speziellen Gerichten wie Ente mit Aceto balsamico und Orangen oder zu Truthahn mit Feldsalat und Nüssen."

il baccalà [bakka'la] *m*

DER STOCKFISCH

Der Einfluss Norwegens auf die Küche von Maria Luisa ist nicht zu unterschätzen und aus diesem Grund muss hier näher betrachtet werden, was auf Deutsch verallgemeinernd Stockfisch heißt. Zum besseren Verständnis der vollkommenen Etabliertheit des enthaupteten, ausgenommenen, gesalzenen und getrockneten Kabeljaus in der umbrischen Küche machen wir einen kleinen Ausflug in die Geografie zur Lagebestimmung der Folignesischen Villa Roncalli. Wir stellen fest, aha, zur Küste ist es weit. Zur Küste von Gewässern, deren Temperatur dem kaltblütigen Kabeljau gefällt, noch weiter. Und von den Küsten zurück nach Umbrien, erst recht mit frischem, auf ein Maultier geschnalltem Fisch und erst recht im Juli und erst recht in anderen Jahrhunderten als dem 21. Deshalb taten es die italienischen Fischer, wie Fischer es überall auf der Welt tun: Sie taten es den Wikingern gleich und bewahrten den Fischfang durch Trocknen vorm Verderb. Anders als die Wikinger haben sie ihn aber auch noch gesalzen und sie gaben ihm den schönen Namen *baccalà*. Dahinter steckt zwar in der Regel das gleiche Tier wie beim *stoccafisso*, was sich vom norwegischen Stokkfisk ableitet, doch der ist nur trocken, aber nicht gesalzen.

Baccalà brauchte man seit dem Mittelalter vor allem in der katholischen Freitagsküche und so konnte man praktischerweise immer welchen da haben, auch wenn das Meer weit weg war.

Auch als proteinreiche Ernährung von Streitkräften hat sich *baccalà* bewährt. Inzwischen rangiert der getrocknete Fisch aber weder als Fasten- noch als Armen- oder Armeenspeise, sondern als Delikatesse, denn der Kabeljau ist ein seltener und teurer Fisch geworden, und manchmal hilft der Preis ja bei der Sensibilisierung der Geschmacksnerven. Der Stockfisch muss hier auch deshalb besonders erwähnt werden, weil wir uns diebisch darüber freuen, Maria Luisa dabei erwischt zu haben, etwas zuzubereiten, das definitiv nicht auf Umbriens Feldern wächst.

Wer *baccalà* zubereiten will, darf es nicht eilig haben. Vor allem dann nicht, wenn er nicht im Mittelmeerraum oder in Norwegen zu Hause ist. Man muss ihn erst einmal finden. Ab dem Zeitpunkt rechnen Sie bitte mit einer Zubereitungszeit von 49,5 Stunden, denn er will zurück ins Wasser. Er wird gewässert, bis er sein Volumen verdoppelt hat. Das kann durchaus zwei Tage dauern, doch gemessen an dem Monate dauernden Trocknungsprozess geht das ja relativ fix. Das Wasser sollte alle drei Stunden gewechselt werden. Ideal ist eine Wanne, in die an einem Ende ununterbrochen Wasser hinein- und an deren anderem Ende es wieder hinausfließt. Eine solche Konstruktion sahen wir versehentlich einmal im Halbdunkel in einer dreivierteldunklen Ecke von Signore Scolastras Wurstwerkstatt und bekamen beim Anblick dieses gespensterhaft dürren Fischbretts, das wir nicht als solches erkannten, einen rechten Schreck. In Italien sind *baccalà* und *stoccafisso* nicht halb so exotisch wie in Deutschland, weshalb man ihn freitags nervenschonenderweise bereits gewässert kaufen kann.

Wir haben den *baccalà* bei Maria Luisa lieben gelernt. Für sein festes Fleisch, seinen konzentrierten, prägnanten Geschmack und weil er sich ganz unverstockt und schmiegsam in vollkommener Weise auf alle möglichen Arten der Zubereitung und auf alle seine Mitspieler einlässt. Auf *polenta*. Auf *passatina di cicerchie.* Auf weiße Bohnen, Kartoffeln, auf Pilze, Kräuter …

Platt wie er ist, er gehört der baccalà zu den Höhepunkten von Maria Luisas Küche. Zubereitungszeit rund 49 Stunden. Zwei Tage Wässern inbegriffen.

passatina di cicerchia al rosmarino con baccalà mantecato

ROSMARIN-PLATTERBSEN-PÜREE MIT STOCKFISCH

ZUTATEN FÜR 4 PERSONEN

1 Stockfischfilet (500 g)
3 Knoblauchzehen
10 EL Olivenöl
4 Zweige Rosmarin
100 ml Milch
100 g Zwiebeln
120 g Staudensellerie
1 Kartoffel
100 ml Gemüsebrühe
Salz und Pfeffer
1 TL gehackte Petersilie

Platterbsen-Püree

250 g Platterbsen
grobes Salz
1 Kartoffel
1 l Gemüsebrühe
2 Zweige Rosmarin
6 EL Olivenöl
Pfeffer
1 Schalotte
1 Knoblauchzehe
50 g Schweinebacke am Stück

Weinempfehlung

Cervaro Dellsala, Antinori, Umbrien

Stockfisch ca. 48 Stunden in Wasser einlegen; dabei alle 12 Stunden das Wasser wechseln.
Knoblauch schälen. 2 Knoblauchzehen mit dem Stockfisch, 4 EL Olivenöl und 2 Rosmarinzweigen in eine Backform geben. Im 180° heißen Backofen ca. 20 Minuten garen. Nach 10 Minuten die Milch zugießen.
Zwiebeln schälen und klein schneiden. Sellerie putzen und klein schneiden. 1 Knoblauchzehe andrücken. 4 EL Olivenöl in einer Pfanne erhitzen. Zwiebeln, Sellerie und Knoblauchzehe darin andünsten. Kartoffel schälen, raspeln und zugeben. Brühe zugießen und bei kleiner Hitze etwas köcheln lassen. Den Stockfisch in Stücke zerteilen, zugeben und einige Minuten ziehen lassen.
Platterbsenpüree ***(Zubereitung unten)*** mit dem Stockfisch und restlichem Rosmarin anrichten. Restliches Olivenöl mit Petersilie mischen und darüberträufeln. Dazu passt geröstetes Brot.

Platterbsen-Püree

Die Platterbsen mit etwas grobem Salz für 12 Stunden in Wasser einweichen, anschließend abtropfen lassen.
Kartoffel schälen und in Stücke schneiden. Mit den Platterbsen, Gemüsebrühe, 1 Rosmarinzweig, 4 EL Olivenöl und etwas Salz und Pfeffer ca. 1 Stunde garen. In ein Sieb abgießen und die Brühe dabei auffangen.
Schalotte und Knoblauchzehe schälen und fein hacken.
2 EL Olivenöl erhitzen. Speck, Schalotte, Knoblauch und 1 Rosmarinzweig darin andünsten, etwas Brühe zugießen und ca. 15 Minuten bei kleiner Hitze kochen lassen. Einen Kochlöffel Platterbsen herausheben, pürieren und zur Masse zurückgeben. Anschließend noch einige Minuten köcheln lassen.

Maria Luisa sagt:
„Das Kochwasser kann gut für Saucen und Suppen verwendet werden."

zuppa di gobbi, gallina di terra, cappelletti e lenticchie piccole di Castelluccio

GOBBI-SUPPE MIT HUHN UND CAPPELLETTI

ZUTATEN FÜR 4 PERSONEN

70 g Schalotten
2 Knoblauchzehen
30 g Schweineschwarte am Stück
8 EL Olivenöl
2 Stangen Staudensellerie
200 g Hähnchenbrustfilet
1 Zweig Thymian
Salz und Pfeffer
1 l Gemüsebrühe
1 mittelgroße Kartoffel
Saft von 1 Zitrone
400 g Gobbi (ersatzweise Kardonen)
50 g grobes Salz
4 EL Mehl
120 Parmesan
15 g Petersilie, gehackt
einige braune Linsen, gekocht

Cappelletti

100 g Hähnchenbrustfilet
80 g Rohschinken
100 g Schweinerücken
2 Eier
Schale von 1 Bio-Zitrone
50 g Parmesan, gerieben
1 TL Olivenöl
geriebene Muskatnuss
Salz und Pfeffer
500 g Pastateig (Rezept S. 170)

Weinempfehlung

Rosso Piceno, Tenuta Pongelli
Bucci, Marken

Schalotten und Knoblauch schälen. Schalotten fein würfeln, 1 Knoblauchzehe durchpressen. Beides mit Schweineschwarte und 6 EL Olivenöl bei kleiner Hitze anbraten. Staudensellerie waschen, entfädeln und in feine Stifte schneiden.
Hähnchenbrust und Thymianzweig zugeben, salzen und pfeffern. Gemüsebrühe erhitzen, zugießen und ca. 1 Stunde bei kleiner Hitze köcheln lassen. Die Kartoffel schälen, in die Suppe reiben und kurz aufkochen.
Inzwischen in einem Topf Wasser mit Zitronensaft mischen. Von den Gobbi-Stangen das harte Äußere entfernen. Gobbi in das Zitronenwasser legen. Stangen darin waschen und in 5 cm lange Stücke schneiden. Wasser mit grobem Salz und Mehl aufkochen und Gobbi darin ca. 15–20 Minuten kochen. Abkühlen lassen und in dünne Scheiben schneiden. Cappelletti ***(Zubereitung unten)*** ca. 5 Minuten in der Suppe ziehen lassen.
2 EL Olivenöl in einer Pfanne erhitzen. Gobbi, 1 Knoblauchzehe und Petersilie andünsten, salzen und pfeffern. Hähnchenbrust zerzupfen. Beides in die Suppe geben. Nach Belieben mit Butter, geriebenem Parmesankäse und gehackter Petersilie verfeinern. Suppe in Suppentellern anrichten und mit einigen Linsen bestreut servieren.

Cappelletti

Hähnchenfleisch, Rohschinken und Schweinerücken durch den Fleischwolf drehen. Mit Eiern, etwas fein abgeriebener Zitronenschale, Parmesan, Olivenöl, 1 Prise Muskat, Salz und Pfeffer abschmecken und zu einem glatten, homogenen Teig vermischen. Den Pastateig möglichst dünn ausrollen. Mit einem Glas (Ø 5 cm) Kreise ausstechen. Auf jeden Kreis in die Mitte ein wenig Füllung geben, Teigkreise zusammenklappen und die Ränder mit den Zinken einer Gabel festdrücken.

Gobbi ist ein sehr, sehr altes, fast hüfthoch wachsendes Wintergemüse aus der Familie der Artischocken. Es wird in der Villa Roncalli auch in Öl serviert.

spaghetti al guanciale, pecorino dolce e uovo con tartufo nero pregiato di Norcia

ROMANESCO-SPECK-SPAGHETTI MIT SPIEGELEI UND SCHWARZER TRÜFFEL

ZUTATEN FÜR 4 PERSONEN

70 g Romanesco
Olivenöl
1 Zweig Rosmarin
1 Zweig Salbei
150 g Schweinebacke, klein gewürfelt
Salz und Pfeffer
400 g Spaghetti
1 Eigelb
50 g Parmesan, gerieben
40 g milder Pecorino, gerieben
5 g Petersilie, gehackt
1 EL Sahne
4 Scheiben Schweinebacke
4 Eier
80 g schwarze Trüffel (z. B. aus Norcia)

Weinempfehlung

Montefalco Rosso,
Antonelli San Marco, Umbrien

Romanesco in kleine Röschen zerschneiden, blanchieren und abtropfen lassen. 1 EL Olivenöl erhitzen. Rosmarin, Salbei, Schweinebacke und gegarten Romanesco darin anbraten. Mit Salz und Pfeffer abschmecken.
Spaghetti in kochendem Salzwasser garen. Inzwischen Eigelb, Käse, 1 Prise Pfeffer, Petersilie und Sahne mischen. Schweinebackenscheiben in etwas Olivenöl anbraten.
Spaghetti abgießen und sofort in die Pfanne zum Romanesco geben. Ei-Käse-Mischung unterrühren.
Spaghettinester auf Teller setzen und mit je 1 Scheibe Schweinebacke umwickeln.
Olivenöl in einer Pfanne erhitzen, darin 4 Spiegeleier braten. Das Eigelb soll noch flüssig sein. Eier salzen und pfeffern.
Auf die Spaghettinester je 1 Spiegelei setzen und mit Olivenöl beträufelt servieren. Trüffel auf die Eier hobeln.

Maria Luisa sagt:
*„In meiner Küche spielt Olivenöl extra vergine eine Hauptrolle, auch in Verbindung mit hochwertigen schwarzen Trüffeln aus Norcia.
Die schwarze Trüffel wird nicht gekocht, sondern leicht in Olivenöl erwärmt und nur mit Salz und Pfeffer gewürzt – ansonsten würde der Geschmack ruiniert. Vor dem Verarbeiten wird sie mit einer feuchten kleinen Bürste gereinigt.“*

frittata al tartufo nero pregiato di Norcia

RÜHREI MIT SCHWARZER TRÜFFEL

ZUTATEN FÜR 4 PERSONEN

1 Knoblauchzehe
Olivenöl
80 g schwarze Trüffel
Salz und Pfeffer
8 Eier

Weinempfehlung

Sagrantino di Montefalco,
Rosso d'Arquata, Adanti, Umbrien

Knoblauchzehe schälen. Mit 6 EL Olivenöl und fein gehobelter Trüffel, etwas Salz und Pfeffer in einer Schüssel mischen.
Eier verquirlen, salzen und pfeffern. Eier zur Trüffel-Öl-Mischung geben, gut verrühren und bei Zimmertemperatur ca. 1 Stunde ruhen lassen. Den Knoblauch entfernen.
In einer Pfanne 4 EL Olivenöl bei kleiner Hitze erwärmen. Die Ei-Trüffel-Mischung hineingießen. Mithilfe eines Holzlöffels die Eimasse unter Rühren stocken lassen. Die Masse sollte etwas feucht bleiben.
Rührei auf einer Platte anrichten, mit Olivenöl beträufeln und mit schwarzem Pfeffer übermahlen.

Maria Luisa sagt:
„Drei Dinge sind für dieses Gericht wesentlich: Gutes fruchtiges Olivenöl extra vergine, frische schwarze Trüffeln und eine antihaftbeschichtete Pfanne. Um der Trüffel gerecht zu werden, braucht es nur wenige Begleiter – aber diese sollten bester Qualität sein!“

polenta macinata a pietra con verza e chianina

WIRSINGROULADEN MIT RINDFLEISCHFÜLLUNG UND POLENTA

ZUTATEN FÜR 4 PERSONEN

30 g Hähnchenbrustfilet
70 g Schweinelende
150 g Rinderfilet (z. B. Chianina)
1 Knoblauchzehe
2 Eier
1 EL Parmesan, gerieben
7 EL Olivenöl
8 g Petersilie, gehackt
Salz und Pfeffer
Muskatnuss, gerieben
4 Wirsingblätter
1 Zweig Rosmarin
1 Zweig Salbei
1 Stiel Estragon
gereifter Aceto balsamico

Polenta

1 l Gemüsebrühe
4 EL Olivenöl
Salz und Pfeffer
200 g Maismehl
1 Zweig Thymian
20 g Butter, weich
100 g Parmesan, gerieben

Weinempfehlung

Villa Fidelia Bianco, Agricola Sportoletti, Umbrien

Die Fleischsorten fein hacken und in einer Schüssel mischen. Knoblauchzehe schälen und durchpressen. Mit Eiern, Parmesan, 5 EL Olivenöl und Petersilie zum Fleisch geben. Mit Salz, Pfeffer und Muskat kräftig würzen. Alles sorgfältig zu einer feuchten und homogenen Masse vermischen.
Die Wirsingblätter waschen und einige Minuten in Salzwasser kochen. Wirsingblätter auf einem Küchentuch ausbreiten und trocken tupfen. Fleischmasse darauf verteilen und zu Rouladen aufrollen und mit Küchengarn festbinden.
2 EL Olivenöl in einer beschichteten Pfanne erhitzen. Wirsingrouladen mit Rosmarin und Salbei darin bei mittlerer Hitze in ca. 10 Minuten rundum anbraten. Die Rouladen sollten außen knusprig und das Fleisch innen noch rosa sein. Danach einige Minuten ruhen lassen.
Die Polenta ***(Zubereitung unten)*** auf Tellern verteilen. Wirsingrouladen aufschneiden und darauf anrichten. Mit einigen Tropfen Balsamico beträufelt garnieren.

Polenta

Die Gemüsebrühe mit 2 EL Olivenöl, Salz und Pfeffer wenn möglich in einer Kupferpfanne erwärmen. Maismehl löffelweise mit dem Schneebesen einrühren, damit sich keine Klümpchen bilden. Bei kleiner Hitze ca. 30 Minuten nach Packungsanweisung garen, dabei öfter mit einem Holzlöffel umrühren.
Thymianblättchen hacken und mit der Butter mischen. 2 EL Olivenöl, Thymianbutter und Parmesan unterrühren.

Maria Luisa sagt:
„Die Polenta muss bei kleiner Hitze langsam köcheln, am besten in einem alten Kupfertopf. Wenn die Masse am Pfannenrand haften bleibt, ist die Polenta fertig. Grobkörniger Maisgrieß hat eine längere Kochzeit als Maismehl."

filetto die maiale con bacche di ginepro, verza strascinata e salvia

SCHWEINEFILET IN SALBEI-WACHOLDER-SAUCE MIT WIRSING-KARTOFFEL-STAMPF

ZUTATEN FÜR 4 PERSONEN

2 EL Olivenöl
2 Knoblauchzehen
2 Zweige Rosmarin
2 Zweige Thymian
1 Zweig wildes Fenchelkraut
25 g Schweinebacke am Stück
350 g Schweinefilet
1 TL gewürzter Speck (Rezept S. 251)
Salz und Pfeffer
100 ml Weißwein
4 EL Gemüsebrühe
1 Lorbeerblatt
15 g Wacholderbeeren

Wirsing-Kartoffel-Stampf

2 mittelgroße Kartoffeln
500 g Wirsing
Salz
1 Knoblauchzehe
2 Zweige Salbei
6 EL Olivenöl
Pfeffer

Weinempfehlung

Montefalco Sagrantino, Scacciadiavoli, Umbrien

2 EL Olivenöl in einer Pfanne erhitzen. Knoblauch, Rosmarin, 1 Thymianzweig, Fenchelkraut und Schweinebacke darin anbraten. Das Schweinefilet mit dem gewürzten Speck ***(Zubereitung S. 251)*** bestreichen. In die Pfanne geben und von jeder Seite ca. 5 Minuten braten, salzen und pfeffern. Mit Weißwein ablöschen. Gemüsebrühe, Lorbeer und die Hälfte der Wacholderbeeren zugeben. Bei kleiner Hitze ca. 10–15 Minuten köcheln lassen. Die Sauce durch ein Sieb passieren, mit einem Löffel das abgesetzte Fett von der Oberfläche entfernen. Die Sauce mit restlichem Thymian und Wacholder kurz köcheln lassen. Das Filet in Scheiben schneiden. Mit dem Wirsing-Kartoffel-Stampf ***(Zubereitung unten)*** auf Tellern anrichten und mit Sauce beträufeln. Dazu passen geröstete dünne Brotscheiben.

Wirsing-Kartoffel-Stampf

Kartoffeln in kochendem Wasser garen, schälen und durch eine Kartoffelpresse drücken. Inzwischen den Wirsing putzen und den Strunk entfernen. Wirsing in feine Streifen schneiden, 10 Minuten in kochendem Salzwasser garen und abtropfen lassen. Knoblauch schälen und durchpressen. Mit dem Salbei in 6 EL Olivenöl in einer Pfanne erhitzen. Wirsing und Kartoffeln zugeben und vermengen. Salzen, pfeffern und warm stellen.

In Maria Luisas Nachbardorf Trevi singt der Metzger aller Metzger, Secondino Buonpadre, das Hohelied der „frollatura“ – dem Abhängen und Zartwerden des Fleisches bei rund 2°. Wenn Luisa Fleisch kauft, dann bei ihm.

piccione con quenelle di brustenga di patate

TAUBE MIT KARTOFFELNOCKEN

ZUTATEN FÜR 4 PERSONEN

2 Tauben
2 Knoblauchzehen
4 EL Olivenöl
1 Stück Bauchspeck
1 Zweig Rosmarin
1 Zweig Salbei
2 EL Cognac oder Madeira
10 g schwarze Pfefferkörner
1 Lorbeerblatt
1 Schöpfkelle Gemüsebrühe

Kartoffelnocken

4 Kartoffeln
1 Knoblauchzehe
1 Zweig Thymian
20 g Butter
2 Eier
10 g Petersilie, gehackt
4 EL Parmesan, gerieben
Olivenöl
geriebene Muskatnuss
Salz und Pfeffer
1 Zweig Rosmarin

Weinempfehlung

Sagrantino di Montefalco, Collepiano, Umbrien

Die Tauben zerlegen, dabei Taubenbrüste und Keulen von den Karkassen lösen. Knoblauch schälen. Olivenöl erhitzen. Die vorbereiteten Zutaten mit Bauchspeck, Rosmarin und Salbei anbraten. Dabei die Taubenstücke zuerst auf der Hautseite bei kleiner Hitze 5 Minuten anbraten, wenden und weitere 5 Minuten braten. Mit Cognac oder Madeira ablöschen, Pfefferkörner, Lorbeer und ca. 1 Schöpfkelle Gemüsebrühe zugeben und weitere 10 Minuten köcheln lassen. Karkassen und Bauchspeck entfernen.
Tauben im 200° heißen Backofen einige Minuten fertig garen. Taube und Kartoffelbrustenga ***(Zubereitung unten)*** auf Tellern anrichten. Mit etwas Bratensaft beträufeln und nach Belieben mit Pfeffer und Lorbeer garnieren.

Kartoffelnocken

Kartoffeln ca. 20 Min. garen, noch warm pellen und durch die Kartoffelpresse in eine Schüssel drücken. In die Mitte eine Mulde drücken. Knoblauch schälen. Thymianblättchen von den Stielen zupfen. Beides mit Butter, Eiern, Petersilie, Parmesan, 4 EL Olivenöl, 1 Prise Muskat, Salz und Pfeffer zugeben und gut vermischen, bis eine homogene Masse entstanden ist.
Aus der Kartoffelmasse mit 2 Esslöffeln Nocken abstechen. Kurz vor dem Servieren Rosmarin mit Olivenöl in einer beschichteten Pfanne erhitzen und die Nocken darin bei kleiner bis mittlerer Hitze goldbraun braten.

Maria Luisa sagt

„Das Formen von Nocken gelingt, wenn die beiden Löffel mit etwas Olivenöl eingefettet werden.
Aus der Kartoffelmasse für die Nocken können auch Klöße mit einer mit Ei gebundenen Fleisch-, Fisch- oder Gemüsefüllung gemacht werden.“

In der Villa gibt es genug Schmalz zum Überwintern. Zitronen, Kakao, Nüsse, Milch und Likör. Und die Zeit, all das so in die Küche zu stellen, als sei es ein Gemälde von Vermeer.

flan di caffè con crema al rhum, salsa di cacao amaro

KAFFEE-SOUFFLÉ MIT RUMCREME UND KAKAOSAUCE

ZUTATEN FÜR 4–6 PERSONEN

4 Eier, getrennt
150 g Zucker
150 g Butter
2 Mokkatassen Espresso
5 g Vanille
300 g Mehl (Type 0)
20 g Backpulver
100 ml Milch
15 g Rohrzucker
50 g Kokosraspel

Herbe Kakaosauce

100 g Zucker
150 g Kakaopulver
250 g Sahne

Rumcreme

1 Vanilleschote
500 ml Milch
Schale von 1 Bio-Orange
130 g Sahne
6 Eigelb
150 g Zucker
4 EL Rum
50 g Sahne

Weinempfehlung

Calcaia Muffa Nobile, Barberani, Orvieto, Umbrien

Eigelbe mit Zucker schaumig schlagen. Butter über dem heißen Wasserbad schmelzen, nach und nach die Eigelb-Zucker-Mischung unterschlagen. Espresso, Vanille, gesiebtes Mehl und Backpulver vorsichtig unterheben. Milch zugießen und unterrühren. Eiweiß sehr steif schlagen und vorsichtig unterheben, sodass eine luftige Masse entsteht. Förmchen (ca. 4 cm hoch und Ø 2 cm) fetten und mit Mehl ausstäuben. Die Masse in die Förmchen verteilen. Sie dürfen nicht randvoll sein. Teigoberflächen mit Rohrzucker und Kokosraspeln bestreuen. Im 180° heißen Backofen 15 Minuten backen. Die Soufflés sollten außen knusprig und innen weich sein.
Die Rumcreme ***(Zubereitung unten)*** auf Teller gießen. Soufflés daraufsetzen und etwas Kakaosauce ***(Zubereitung unten)*** dazugießen.

Herbe Kakaosauce

Zucker mit 200 ml Wasser bei kleiner Hitze 10 Minuten köcheln lassen. Vom Herd ziehen, gesiebten Kakao und Sahne mit dem Schneebesen nach und nach einrühren.
Topf wieder auf den Herd stellen und einige Minuten bei kleiner Hitze köcheln lassen. Vom Herd nehmen, die Sauce durch ein Sieb in ein Gefäß sieben und erkalten lassen.

Rumcreme

Vanilleschote aufschneiden und das Mark herausschaben. Beides in der Milch mit 80 g Sahne und Orangeschale aufkochen und für 5 Minuten köcheln lassen. Vom Herd nehmen und 15 Minuten ziehen lassen. Anschließend Vanilleschote und Orangenschale entfernen. In einem Topf mit doppeltem Boden 6 Eigelbe mit Zucker schaumig schlagen. Die Milch in die Eigelbmasse gießen und mit einem Holzlöffel bei kleiner Hitze unter ständigem Rühren zu einer Creme eindicken lassen. Die Masse darf hierbei nicht kochen. Den Topf vom Herd nehmen und in Eiswasser kalt schlagen.
50 g Sahne steif schlagen, dabei zum Schluss den Rum unterrühren. Rumsahne unter die Creme heben.

In der dunklen Jahreszeit backt die Köchin kleine Sonnen.

Kakaosauce, die auf dem Herd steht, darf man nicht aus den Augen lassen.

rocciata di Maria Luisa

MARIA LUISAS STRUDEL MIT ORANGENSAUCE

ZUTATEN FÜR 4 PERSONEN

500 g Mehl (Type 00)
Zucker
Salz
1 Ei
1 Pck. Vanillezucker
abgeriebene Schale von 1 Bio-Zitrone
Olivenöl
1 EL Schweineschmalz, zimmerwarm
1 EL Weißwein
1 EL Weißweinessig
1 EL Milch
2 Äpfel (z. B. Renette)
2 süße Birnen
30 g Rosinen
10 g Kakaopulver
5 g gemahlener Zimt
5 g Anissamen
Saft von ½ Zitrone
2 EL Birnen-Orangen-Konfitüre (ersatzweise Pflaumenmus)
1 EL Anislikör
30 g Amaretti, zerbröselt
Puderzucker

Orangensauce

6 Bitterorangen (ersatzweise Bio-Orangen)
150 g Zucker
500 ml Mineralwasser (kohlensäurehaltig)
50 ml Grand Marnier

Weinempfehlung

Vin Santo „Occhio di Pernice", Avignonesi, Toskana

Mehl mit 1 EL Zucker und 1 Prise Salz anhäufeln und in die Mitte eine Mulde drücken. Ei, Vanillezucker, Zitronenschale, 1 EL Öl und Schweineschmalz in die Mulde geben. Wein erwärmen, mit Essig mischen. Alle Zutaten mit Milch mischen und zu einem glatten, geschmeidigen Teig verarbeiten. Den Teig zu einer Kugel formen und mit einem feuchten Küchentuch abdecken. Bei Zimmertemperatur ca. 30 Minuten ruhen lassen.
Inzwischen für die Füllung die Äpfel und Birnen waschen, putzen, entkernen und in kleine Würfel schneiden. Mit Rosinen, Kakao, Zimt, Anis, Zucker nach Geschmack, Zitronensaft, Konfitüre und Anislikör gut mischen. Nach Belieben Zucker und Olivenöl zugeben und abschmecken.
Teig mit einem Nudelholz sehr dünn zu einem Kreis ausrollen. Teig in der Mitte durchschneiden, sodass 2 Halbkreise entstehen. Teige mit etwas Zucker bestreuen und mit etwas Olivenöl beträufeln. Die Füllung auf die Teighälften verteilen. Jede zu einer Rolle formen und die Enden verschließen. Die Strudel mit der Teignaht nach unten auf ein mit Backpapier belegtes Blech legen. Mit etwas Olivenöl bepinseln, mit wenig Zucker und Amaretti bestreuen. Im 160° heißen Backofen ca. 40 Minuten goldgelb backen.
Strudel etwas abkühlen lassen, in Scheiben schneiden und auf Tellern anrichten. Mit Puderzucker bestäuben und mit der Orangensauce ***(Zubereitung unten)*** servieren.

Orangensauce

Die Orangen heiß waschen, abtrocknen, mit einer Nadel einstechen und insgesamt 8 Stunden in Wasser einlegen. Wasser alle 2 Stunden wechseln. (Bio-Orangen müssen nicht in Wasser eingelegt werden.) Die Schale von 4 Orangen in feinen Zesten abschneiden. Saft aus allen Früchten auspressen. Zucker mit dem Mineralwasser in einem Topf ca. 15 Minuten köcheln lassen, bis ein hellbrauner Karamell entsteht, und vom Herd nehmen. Den Orangensaft zugießen, aufkochen und weitere 10 Minuten köcheln lassen. Zesten zufügen und in weiteren 10 Minuten fertig kochen. Abkühlen lassen und den Grand Marnier unterrühren.

Maria Luisas rocciata zuzubereiten, ist ein Entschluss mit Tragweite. Es empfiehlt sich, für die Orangensauce einen Zestenreißer oder einen Assistenten anzuschaffen.

Wie schade, dass sich der Duft der rocciata nicht fotografieren lässt.

biscotti all' anice e mandorle al profumo di agrumi

ANIS-MANDEL-PLÄTZCHEN MIT ZITRUSAROMA

ZUTATEN FÜR 4 PERSONEN

300 g Mehl
25 g Backpulver
50 g Puderzucker
1 Bio-Zitrone
1 Bio-Orange
4 Eigelb
1 TL Vanillezucker
50 g Anissamen
120 g Butter, weich
1 EL Anislikör
1 EL Amaretto
2 EL Zucker
ca. 20 Mandeln

Weinempfehlung

Muffa Nobilis, Palazzone, Orvieto, Umbrien

Mehl, Backpulver und Puderzucker sieben. Auf die Arbeitsfläche anhäufeln und in die Mitte eine Mulde drücken. Zitrone und Orange heiß abwaschen, abtrocknen und die Schalen fein abreiben; den Saft aus den Früchten pressen. Eigelbe, Vanillezucker, Anis, Zitrusschalen, Butter und Liköre in die Vertiefung geben. Rasch zu einem homogenen Teig verarbeiten und in Folie gewickelt 1 Stunde ruhen lassen.
Inzwischen in einer Pfanne Zucker mit 2 EL Wasser hellbraun karamellisieren lassen. Mit Orangen- und Zitronensaft ablöschen und die Mandeln zufügen. Einige Minuten köcheln lassen und auf einem mit Backpapier belegten Backblech verteilen.
Aus dem Teig ca. 3 cm große Plätzchen formen und auf ein mit Backpapier belegtes Blech legen. Die Plätzchen können entweder mit dem Nudelholz ca. 5 mm dick ausgerollt werden und mit einer Form in beliebiger Größe ausgestochen werden oder von Hand geformt werden. Im 160° heißen Backofen 15 Minuten backen. Aus dem Ofen nehmen, die karamellisierten Mandeln mit der Spitze voran leicht hineindrücken und in 2–3 Minuten fertig backen. Plätzchen etwas abkühlen lassen und nach Belieben mit etwas Puderzucker bestäubt servieren.

Maria Luisa sagt:
„Mürbeteig muss sehr schnell geknetet und verarbeitet werden. Lauwarm serviert kommen die Gewürze am besten zur Geltung."

Manchmal möchte man fast nicht glauben, dass Maria Luisa es nicht mag, wenn man in der Küche herumsteht, um ihre Arbeit zu bewundern.

l'ospite ideale ['ɔspite ide'a:le] *m*

DER IDEALE GAST

Menschen, die in einem Restaurant allein an einem Tisch sitzen, umgibt zuweilen eine Aura aus Melancholie und Tapferkeit. Jedenfalls an Abenden und erst recht in einem Restaurant, in das man nicht geht, bloß weil man ja schließlich etwas essen muss. Dieser Eindruck kann natürlich an der traurig machenden Fantasie liegen, wir selbst säßen mutterseelenallein an einem schön gedeckten Tisch in der Villa Roncalli zwischen all den gesprächigen Runden oder romantischen Tête-à-Têtes und es gäbe niemanden, mit dem wir unsere Begeisterung teilen, niemanden, den wir um seine noch bessere Wahl beneiden, geschweige denn, von dessen Teller wir probieren könnten. Bedauerlicherweise könnten wir dann auch nicht an der Verbreitung einer sehr schönen, viel zu wenig verbreiteten Tischsitte arbeiten: Wer zuerst fertig ist, darf bei den anderen weiter essen. Es gibt also viele Gründe, aus denen wir mit einem allein speisenden Gast nicht tauschen möchten. Viel eher geraten wir in Versuchung, ihn an unseren Tisch einzuladen, um ihn aus seiner Einsamkeit, die ja unmöglich eine selbst gewählte sein kann, zu retten.

So ein Unsinn! Da können wir großen Genießer alle noch was lernen, und zwar von Signore Rizzo: Eines Abends fällt uns ein eleganter, älterer Herr auf, der mit großer Würde an einem Tisch sitzt, der zweifelsohne absolut ganz der seine, sein Königreich ist. Den schmalen Mund des Herrn umspielt ein winziges Lächeln. Er braucht kein Buch, keine Zeitung, um sich daran festzuhalten. Seine Haltung ist geradezu adelig aufrecht und er ist sehr präsent. Sein Blick ist offen und sehr wach und nicht die Spur von Melancholie oder Tapferkeit findet sich in seiner Aura. Stattdessen strahlt er entspanntes Glück aus und seine Augen blitzen jedes Mal auf, wenn da jemand oder etwas aus der Küche kommt.

Ein Restaurant-Kritiker! Was sonst. Er ist enttarnt. Wir sind aufgeregt, sehr aufgeregt sogar. Luisa und Maurizio Gasparrini, der heute den Service macht, nicht. Dabei sprechen doch alle Indizien dafür. Der Herr macht diskret Notizen in einem winzigen Büchlein! Er kann den Wein, der ihm zur Prüfung präsentiert wird, deutlich wortreicher kommentieren als mit einem Mmh! Die Haltung! Die Krawatte. Die

Langsamkeit, mit der er allem hinterher zu schmecken scheint. Er goutiert gelassen sechs Gänge, Aperitif, mindestens drei Weine plus Digestif, und als er aus dem Saal schreitet, um in seine Gemächer hinaufzusteigen, blicken wir ihm sprachlos nach. Am nächsten Morgen fragen wir Luisa nach diesem Herrn, vor allem, um unsere Menschenkenntnis bestätigt zu sehen.

Hitchcock soll ja mal gesagt haben, nichts sei schöner, als wenn es komplett anders ist, als wir erwarten. Außer, es ist ganz genau so.

Signore Rizzo war in der Tat im Restaurant als Tester tätig, und zwar für den heiligsten aller Restaurantführer, den Guide Michelin. Ha! Doch seit einigen Jahren kommt er nur noch, weil die Villa Roncalli sein Lieblingsrestaurant ist. Das Hübscheste an dieser hübschen Begebenheit ist allerdings, dass wir Luisa nach ihm fragen mussten. Sie hätte uns nicht auf diesen Gast aufmerksam gemacht. Führten wir ein Restaurant, über das ein Buch erscheinen soll, würden wir schön dafür sorgen, dass die Welt es erfährt, wenn ein großer Kenner an unserem Tisch sitzt, und das seit Jahren, zweimal im Jahr und gleich an 14 Abenden hintereinander. Signore Rizzo ist bereit, uns am nächsten Tag nach dem Frühstück eine kleine Audienz zu geben. *„Es ist mir immer eine große Ehre, in der Villa Roncalli zu speisen. Ich schätze es sehr, dass man bei Luisa, die ja so viele, viele Zutaten in einem Gericht verwendet, jede einzelne schmecken kann. Und ihre Beilagen sind niemals Nebensache, wie selbst in besten Restaurants."* Das hätten wir nicht besser formulieren können. Die Frage nach seinem Lieblingsgericht beantwortet er entschieden mit: *„Zuppa di legumi."* Ach was. Luisas Suppen und Pürees aus Hülsenfrüchten! Urige umbrische Arme-Leute-Küche. Luisa wird`s freuen, denn diese Suppen sind auch ihr Liebstes. Und uns freut es, dass ausgerechnet ein Mann das sagt, der schon alles probiert hat.

Am Abend nickt Signore Rizzo uns von seinem kulinarischen Königreich aus über sein Süppchen hinweg würdevoll zu. Und wir freuen uns gemeinsam mit ihm auf alles, was da noch kommt.

Der ideale Gast in stiller Freude auf alles, was kommen mag.

Seit seinem Ruhestand kommt Signore Rizzo zweimal im Jahr für zwei Wochen in die Villa, um sich ausführlich Maria Luisas Kochkunst hinzugeben. Was er beruflich gemacht hat? Er war u. a. Restaurant-Tester für den Guide Michelin.

la gente [ˈdʒɛnte] *pl*

DIE LEUTE

Die Villa Roncalli ist ein Familienbetrieb, wie er im Buche steht. Selbst, wer nicht zur Familie gehört, gehört hier zur Familie. Viele waren von Anfang an dabei, auch in den Zeiten, als noch Maria Luisas Mama Sandra in der Küche und sie selbst im Saal war. Es wäre unwahr zu behaupten, hier liefe alles mit präzisem Hochprofessionalismus und strikter Rollenverteilung – bis auf das Kochen! Es läuft mit viel Charme und persönlichem Einsatz und einer liebevollen Aufmerksamkeit, die sich nicht auf den Gast in seiner Rolle als Gast richtet, sondern auf ihn als Person.

Ehrlich, Pina, Angelo, Luisa, Alessio, Ivana, Daniela und Agnes (v. l. n. r.) haben bis zu diesem Tag noch nie zusammen im großen Saal im ersten Stock auf dem Sofa gesessen. Sie wollen es aber in Zukunft öfter tun.

Bei den Scolastras hat es jeder auf seine Weise mit den Künsten. Was für Maria Luisa die Kochkunst ist, ist für Bruder Marco die körperlose Musik und für Vater Angelo das Gegenteil: schönes, gutes, wahres Fleisch.

MARCO SCOLASTRA

Maria Luisas Bruder ist acht Jahre jünger als sie. Er zelebriert, wie seine Schwester, ebenfalls auf professionelle Weise den Genuss des Augenblicks, jedoch mit einer anderen Kunstform: Er ist Pianist. Er ist Direttore des Konservatoriums von Foligno, und dass in Foligno und um Foligno herum so erstaunlich viele und erstaunlich hochrangige Konzerte stattfinden, ist Luisas Bruder zu verdanken. Vielleicht kommen die Musiker aber nicht nur des wundervollen Auditorium San Domenico wegen, das über Umbrien hinaus sehr bekannt ist, sondern auch, weil sie im Anschluss immer so wunderbar bekocht werden. Wenn Sie mal nach Foligno kommen, also nicht immer nur die Speisekarte lesen, sondern auch die Veranstaltungsplakate.

ANGELO SCOLASTRA

Maria Luisas Vater hat sich viele Jahre seines Lebens professionell mit Küssen beschäftigt, mit den berühmten *baci* aus Schokolade, Nougat und gerösteten Haselnüssen aus Perugia. Doch bald hatte er vom *dolce vita* genug und widmete sich intensiv seinen anderen Passionen – Antiquitäten, gutem Essen im Allgemeinen und Fleisch im Besonderen. Das lag nahe, denn sein Vater war Metzger. Lange bevor die Scolastras ein eigenes Restaurant hatten, waren sie für ihre Gastfreundschaft und für ihre Kochkünste bekannt und nicht selten wurden an ganz normalen Abenden 20 Leute bewirtet. Angelo hat sich aufgrund seiner Fleischkennerschaft und seiner Expertise am Grill den Spitznamen *Lucifero* erarbeitet und er ist seit mehr als 30 Jahren ein hoch angesehenes Mitglied in der Accademia Italiana della Cuccina – und der ist es ja bekanntlich teuflisch ernst mit dem guten Essen.

Unser Dank gilt Angelo Scolastra, der all seine Freunde eingespannt hat, um uns zu zeigen, wie man Rinder groß kriegt und anschließend klein. Der ausgehalten hat, dass wir seine Antiquitäten ungefragt durchs ganze Haus getragen und in die Sonne gestellt haben.

ALESSIO BONUCCI

Er hat in den letzten sechs Jahren das Wunder vollbracht, an Luisas Seite nicht nur geduldet, weil nützlich, zu sein, sondern eine wichtige Position erobert zu haben. Er konnte seine Chefin von Anfang an überzeugen, wie ernst es ihm mit dem Kochen ist, und so ist anzunehmen, dass seine ersten Fragen nicht den Arbeitszeiten und dem Gehalt gegolten haben. Er teilt Luisas Perfektionismus und ihre Hingabe und wenn man die beiden zusammen arbeiten sieht, weiß man, was ein gutes Team ist – auch wenn der eine Schüler ist und die andere die Lehrerin. Alessio besitzt die Geduld eines Engels, die Ruhe eines Felsen in der Brandung und die Freundlichkeit einer Frühlingssonne. Und an seinen Händen konnten wir uns nicht satt sehen, denn jemanden zu beobachten, der sein Handwerk versteht, ist eine Wonne, erst recht, wenn einer so schöne Hände hat wie Alessio. Keiner könnte ein Täubchen zärtlicher zerlegen als er. Er träumt davon, eines Tages ein eigenes Restaurant zu führen, und wir hoffen, dass Luisa das hier nicht selbst zum ersten Mal liest. Dass jeder ersetzbar ist, mag oft stimmen. Aber Alessio? „*Mai e poi mai!*“

PINA LORETTI

Die Liebe zu einem Italiener hat Pina Loretti 1963 aus dem fernen Metz im Nordosten Frankreichs nach Foligno folgen lassen. In Maria Luisas Küche tut sie mit schlafwandlerischer Sicherheit und schwindelerregender Effizienz, was zu tun ist, und was das ist, braucht ihr nach über 20 Jahren in einer Scolastra-Küche auch niemand erst zu sagen. Wenn die kleine Frau die riesigen Töpfe auf das Feuer wuchtet, versteht man auch, dass Kraft mit Größe nicht das Geringste zu tun haben muss. Leider haben wir es versäumt, die Geschwindigkeit ihrer *gnocchi*-Produktion zu messen. Beeindruckend ist das.

IVANA FEDELI

Seit 1998 macht Ivana Fedeli das Frühstück und meistens singt sie dabei. Sie macht extra für uns die Milch für den *cappuccino* extra heiß. Sie macht die Zimmer und sie macht alles, was bis zum Mittag gemacht werden kann. Am liebsten aber macht sie sich über uns lustig. Sie wohnt gleich neben dem Feld, auf dem die Scolastras die Castellucio-Linsen ausgesät haben, und sie kannte Luisa schon, als die noch klein war. Es wird berichtet, jemand habe Ivana mal schlecht gelaunt gesehen. Wir glauben, das muss eine andere Ivana gewesen sein.

DANIELA MANINI

Daniela Manini trifft in der Regel am Nachmittag ein und dann bereitet man ihr in beiden Speisesälen immer einen geradezu spektakulären Empfang: Sie wird von sämtlichen gebrauchten Gläsern des Vorabends begrüßt, die darauf warten, von zarter Hand gespült und poliert zu werden, und nachdem das erledigt ist, würde jeder von uns sich erst einmal ein, zwei Stündchen hinlegen. Sie deckt die Tische ein, und mit ihrem unnachahmlich spröden Charme empfängt sie die Gäste und serviert.

AGNES DE COULANGES

Wir haben lustige E-Mails von Luisa, die sie auf Italienisch verfasst und dann durch einen Übersetzungswolf gedreht hat. Hin und wieder kamen dadurch Missverständnisse auf. Aber meistens lief der Schriftverkehr über den Tisch von Agnes De Coulanges, denn sie spricht sehr gut Deutsch, und weil sie aus der französischen Schweiz stammt, tut sie das mit einem aparten Akzent. Sie regelt in der Villa die Buchhaltung und bekommt auch Unorganisierbares organisiert. Und das schon seit 1992.

BLERTA VUKAJ

Blerta kann alles. Ganz besonders gut kann sie gute Laune verbreiten, zupacken und unfassbar hilfsbereit sein. Ihr Zuständigkeitsbereich sind die Zimmer, und wenn viel los ist, schmeißt sie sich erst in Schale und dann in den Service. Manchmal hat sie Liebeskummer. Meistens aber nicht.

Wenn Sie mal in die Villa Roncalli zum Essen kommen, bedient Sie höchstwahrscheinlich Daniela.

il teo ['teo] *m*
DER TEO

Teo ist ein Hund, wie ein Hund sein soll, nämlich nicht so hündisch. Er hat eigene Pläne und Vorhaben, zu deren Erledigung er manchmal tagelang verschwindet. Ohne zwischendurch mal anzurufen. Von Beruf war er, das ist bei Hunden seiner Rasse Ehrensache, ursprünglich als Jagdhund tätig, doch da Signore Scolastra d. Ä. nicht mehr jagt, ist er jetzt Dandy. Er unternimmt allein ausgedehnte Spaziergänge in der weiteren Umgebung, manchmal besucht er verstorbene Freunde und Verwandte der Familie auf dem Friedhof. Manchmal geht er auch zu einem späten Frühstück zur nahe gelegenen Tankstelle mit angeschlossenem *caffè*. Er verzehrt dort eine kleine *pizza* und anschließend macht er Wellness. Jedenfalls duftet er, wenn er zurückkommt, immer frisch gebadet und sein Fell hat seidigen Glanz.

Teos Unabhängigkeit findet auch in der Pflege von Affären mit zahlreichen attraktiven Hündinnen aus der Nachbarschaft Ausdruck. In der Regel handelt es sich bei seinen Gespielinnen um Hundedamen aus gutem Hause – Liebschaften, die nicht immer folgenlos bleiben. Über die genaue Zahl von Teos Nachfahren können leider keine genauen Angaben gemacht werden. Neulich wurden seinetwegen sogar die Carabinieri bei Maria Luisa vorstellig, um Teo auf Drängen der Hündinnen-Besitzer das Handwerk zu legen. Statt Gefängnis einigte man sich auf Hausarrest. Eine Erziehungsmaßnahme, zu der Maria Luisa ebenso häufig wie fruchtlos greift. Teo muss dann für eine Nacht in einen großen, lang gestreckten Zwinger hinter dem Garten und weiß überhaupt nicht, warum. Er scheint diese Sanktion aber auch niemandem nachzutragen.

In der Küche wurde Teo bemerkenswerterweise noch nie gesehen. Vielleicht ist er auch nur zu schlau, sich erwischen zu lassen. Es kann aber auch sein, dass er immer, wenn wir da waren, gerade einen Narren gefressen hatte – an der Fotografin.

la soddisfazione [soddisfat'tsio:ne] *f*

DIE ZUFRIEDENHEIT

Es gibt Gäste, die gar nicht mehr weg wollen. Die Maria Luisa am liebsten mitnehmen würden. Es wird von Heiratsanträgen gemunkelt und zahllosen kunstbeflissenen Menschen, die Städte wie Rom, Assisi und Perugia links bzw. rechts liegen lassen, um auf schnellstem Weg nach Foligno zu gelangen, um dort der wahren Madonna di Foligno zu huldigen. Die ist nämlich nicht von Raffael und hängt auch nicht in der Vatikanischen Pinakothek, sondern steht in Lebensgröße in der Via Roma 25 in der Küche. Vielleicht sitzt sie auch unter den milden Blicken Pater Pios im Studierzimmer und heckt ein Menü aus oder jagt im Garten die Schnecken. Und bei all dem ist sie sehr guter Laune, weil sie weiß, dass ihre Gäste ihrer Küche wegen von sonst wo anreisen und immer wiederkommen.

Die Gefahr, sich in seelische Abhängigkeit von Signora Scolastra zu begeben, ist jedenfalls nicht groß genug einzuschätzen. Wir sind jedoch der Ansicht: Das macht nichts! Ganz im Gegenteil. Es gibt keine glücklichere Partnerschaft als die Symbiose.

Darum ist es vielleicht interessant zu wissen, dass Foligno einen Flughafen hat. Falls Sie es mal keine Sekunde länger ohne ihre hauchzarten Kalbfleisch-*cappelletti* aushalten oder ohne ihren Schweinchenbraten, ohne den *baccalà* oder ihre beglückenden Suppen.

Signore Max René Cosotti scheint es gut geschmeckt zu haben.

Zum Abschied singen der Tenor Max René Cosotti und seine Frau im Foyer spontan eine Lobeshymne auf Maria Luisa. Bruder Marco dirigiert. Antonio Maffeis tut, was er neben dem Drucken schöner Bücher am besten kann: verschmitzt gucken.

i ringraziamenti [riŋgrat'tsia:menti] *pl*

DER DANK

Es gibt viele Menschen, ohne die aus der Idee dafür niemals ein Buch geworden wäre. Deshalb gilt unser großer Dank Alessio, Alessio und Alessio! Wir sagen danke, Pina, Ivana, Daniela, Agnes und Blerta, denen wir nicht nur während ihrer Arbeit ständig Zeit stehlen durften, denen wir permanent im Weg gestanden haben und dauernd etwas wollten und das noch nicht einmal auf italienisch.

Danke, **MARIE THERES SUTER,** für so viel Zeit und buchstäbliches Verständnis. Fürs Simultan-Dolmetschen in Italien und Unersetzlichkeit beim Rezepte-Übersetzen in der Schweiz. Fürs Vermitteln bei kleinen und mittleren Krisen. Für Licht-Assistenz und Unermüdlichkeit als Best Boy. Für Dabeisein und überhaupt!

Danke, **DETLEV SCHAPER,** der immer da war, wo er gebraucht wurde. Der uns auf immer wieder erstaunlichen, neuen Wegen durch Umbrien chauffierte. Der immer wusste, dass alles gut wird, und auch, was man dafür tun muss, und immer im richtigen Moment darauf hinwies.

Dank an **ANTONIO MAFFEIS,** für erfrischende Kontroversen, Happy Endings, all die fantastischen Weine und die Produktion dieses Buches.

Unser Dank gilt auch allen wichtigen Informanten, allen, denen wir bei ihrer Arbeit zuschauen durften und die uns auf unseren investigativen Ausflügen begleitet haben.
Die uns alles erzählt haben, was sie wussten und noch einiges darüber hinaus.

PRIMO BRUNELLI, der uns seine prächtigen Chianina gezeigt hat, auch gegrillt ...
ANTONIO ANTONINI, Freund des Hauses, Fleischexperte und Sagrantino-Winzer.
SECONDINO BUONPADRE, Maria Luisas Metzger des Vertrauens.
GIANNI BOCCHINI, der Angelos Privat-Schweine füttert.
CLAUDIO METELLI, der Luisas wundervolles Öl presst.
GIOVANNI BORDONI, der in seiner Steinmühle Luisas Mehl und ihre Polenta mahlt.
GUISEPPE GERMANI, der uns gezeigt hat, wie man Oliven erntet, der uns junges Öl von den Bäumen aus seinem Garten geschenkt hat und der mit seinen Hunden Stella und Nero für Luisa die Trüffel findet.
ANNIBALE BARTOLOMEI, der uns sein Gemüse-Reich gezeigt hat.
OLGA URBANI für das Kontrastprogramm – Einblicke in ein international operierendes Trüffelimperium.
ANNA LAURA, die Freundin des Hauses, die uns Foligno gezeigt hat.

Danke, **ANTONIETTA LOCONTE,** für das Übersetzen des Buchkonzeptes ins Italienische.
Danke, **CHIARA BOCCARDINI,** für unermüdliches Feuerlöschen, Drängen und Quengeln ...
Danke, **ALEXANDRA MALINKA,** für Foto-Assistenz in der Sommer-Runde.
Danke, **ANTOINETTE MAURER,** für Nachhilfe in Italienisch und Nachkochen auf Umbrisch.

Für die unermüdlichen Bemühungen um die außerordentliche Qualität dieses Buches dankt der Becker Joest Volk Verlag den Mitarbeitern Johanna Hänichen, Anne Krause, Katerina Loos, Melanie Müller, Andrea Martin, Claudia Volk und Claudia Wilke.

indice delle ricette [ˈinditʃe delle riˈtʃɛtte] *m*

DIE REZEPTÜBERSICHT

indice delle ricette [ˈinditʃe delle riˈtʃɛtte] *m*

indice delle ricette ['inditʃe delle ri'tʃɛtte] *m*

il colophon [kolo'fon] *m*

DAS IMPRESSUM

Originalausgabe Becker Joest Volk Verlag

2. Auflage November 2012
ISBN 978-3-938100-67-7

REZEPTE Maria Luisa Scolastra
TEXTE Judith Stoletzky
KONZEPT Judith Stoletzky
BILDER Justyna Krzyżanowska
BUCHSATZ Justyna Krzyżanowska
FACHLEKTORAT Dr. Stephanie Kloster
DRUCK Grafiche Flaminia, Foligno, Italien

Villa Roncalli:
Viale Roma 25, 06034 Foligno Italien,
+39 0742 391091

BECKER
JOEST
VOLK
VERLAG

www.bjvv.de

(v. l.) Judith Stoletzky **TEXTE**

Maria Luisa Scolastra **REZEPTE**

Justyna Krzyżanowska **FOTOS**